KB275308

병원
자기소개서
바이블

한 번에 합격하는 병원 자소서 작성법

병원 자기소개서 바이블

고요한

강건욱

지음

북카라반
CARAVAN

이야기를 시작하며

병원 취업을 준비하는 모든 취준생들의 노고에 깊은 존경과 응원의 말씀을 전합니다. 여러분의 열정과 간절함에 작은 위로와 희망을 전하고자 이 책을 세상에 내놓습니다.

오랜 시간 취업 현장에서 예비 간호사, 방사선사, 임상병리사, 치과위생사, 간호조무사, 물리치료사, 작업 치료사들을 만났습니다. 그들의 수많은 취업 성공 사례를 분석하며, 여러분이 병원 취업의 꿈을 이루는 과정에서 겪는 어려움과 고민을 깊이 이해해 왔습니다. 수많은 좌절과 불안 속에서도 희망의 끈을 놓지 않고 나아가는 여러분에게, 합격의 문턱을 넘을 수 있는 실질적인 길을 제시하고자 이 책을 집필하게 되었습니다.

병원 취업의 첫 관문인 서류 전형에서 자기소개서는 그 무엇보다 중요한 비중을 차지합니다. 여러분들의 열정과 역량, 그리고 준비된 간호사, 임상병리사, 방사선사, 물리치료사 등으로서의 잠재력을 보여 주는 핵심적인 도구이기 때문입니다.

이 책은 단순히 자기소개서 작성 요령을 넘어, 병원에서 근무하는 다양한 직업에 대한 깊이 있는 이해를 바탕으로 자신만의 강점을 명확하게 드러내고, 채용 담당자의 마음을 사로잡는 합격 필살기와 같은 내용을 담고 있다고 자부합니다. 여러분이 이 책에서 제시하는 방법들을 충실히 따라 작성한다면, 올해 반드시 서류 전형을 통과하고 꿈에 그리던 간호사로서의 첫 발을 내딛을 수 있을 것이라고 확신합니다.

부디 이 책이 미래를 향해 끊임없이 노력하는 여러분에게 작은 등불이 되어, 병원 취업의 꿈을 향한 여정에 든든한 동반자가 될 수 있기를 진심으로 바랍니다. 그 여정에 함께하며, 당신의 합격을 뜨겁게 응원합니다.

푸른 하늘 아래, 희망을 담아

강건욱 · 고요한

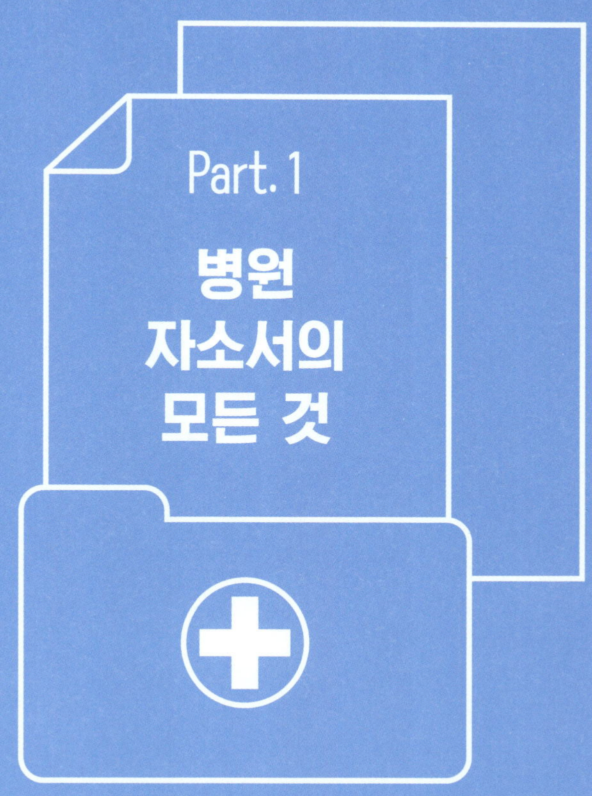
Part. 1
병원
자소서의
모든 것

병원 채용 분석

병원 채용 시장의 이해

병원은 비교적 안정적인 고용 환경을 제공하며, 의료 전문직으로서 꾸준한 성장과 발전을 기대할 수 있는 분야이다. 특히 간호사, 의사, 약사 등 핵심 의료 인력에 대한 수요는 꾸준하다. 따라서 고용 안정성과 전문성이 어느 직군보다 높다고 하겠다.

병원에는 다양한 직종이 존재한다. 임상직(의사, 간호사, 물리치료사, 방사선사, 임상병리사 등), 행정직(원무, 인사, 총무, 기획, 홍보 등), 기술직(의료기기 관리, 정보 시스템 관리 등), 그리고 지원직(시설 관리, 영양, 위생 등)까지 다양한 직종이 있다. 따라서 자신의 적성과 역량에 맞는 분야를 선택할 수 있는 폭이 넓은 편이며, 환자의 건강 회복과 삶의 질 향상에 직접적으로 기여하고 사회적, 개인적으로 큰 보람을 느낄 수 있는 직업이다.

그러나 높은 안정성과 전문성으로 인해 병원 취업 경쟁은 치열한 편이다. 특히 대형 병원이나 선호도가 높은 직종의 경우 경쟁률이 매우 높다. 의료 기술과 지식은 빠르게 발전하므로, 의료인은 끊임없이 학습하고 변화에 적응해야 한다. 게다가 환자와 보호자를 직접 대면하는 직종의 경우, 높은 수준의 공감 능력과 감정 조절 능력도 요구된다.

병원 채용의 프로세스

병원 채용 프로세스는 병원의 규모, 종류, 채용 직종에 따라 다소 차이가 있지만, 일반적으로 다음과 같은 단계를 거친다.

1. 채용 공고

병원 홈페이지, 채용 전문 사이트, 관련 학회 게시판 등을 통해 채용 정보를 공고한다. 공고에는 모집 직종, 인원, 지원 자격, 근무 조건, 제출 서류, 접수 기간, 방법 등을 상세하게 안내한다.

이때 지원자들이 확인해야 할 사항이 있다. 먼저 자신이 지원 자격을 갖추고 있는지부터 살펴야 한다. 학력, 경력, 관련 면허, 자격증 필수 여부를 확인한다. 다음으로 우대 조건, 예컨대 외국어 능력이나 컴퓨터 활용 능력, 특정 경력 등이 있는지 본다. 끝으로 제출할 서류를 꼼꼼히 챙겨야 한다. 졸업 증명서, 성적 증명서, 면허증 사본, 자격증 사본, 경력 증명서 (해당 시), 자기소개서 등이 있다.

2. 전형 방법

서류전형, 필기시험, 면접(다대다, 개별, 상황 면접 등), 실기시험(간호직 등 특정 직종), 인성검사 등이 있다. 접수 마감일과 시간을 명확하게 확인해 인지하고 있어야 한다. 촉박하게 준비하지 않도록 주의한다.

3. 서류전형

제출된 서류를 바탕으로 지원자의 자격 요건, 경력, 자기소개서 등을 종합적으로 평가한다. 자기소개서는 지원자의 인성, 가치관, 직무 관련 경험 및 역량, 지원 동기, 입사 후 포부 등을 파악하는 중요한 자료이다. 따라서 진솔하고 긍정적인 태도로 솔직하게 자신을 드러내되, 긍정적이고 발전적인 모습을 보여 주는 것이 중요하다.

4. 면접전형

서류전형과 필기시험 합격자를 대상으로 인성, 가치관, 의사소통 능력, 문제 해결 능력, 직무 이해도, 조직 적응력 등을 종합적으로 평가한다. 면접 방식은 다대다 면접, 개별 면접, 상황 면접, 토론 면접 등 다양하게 진행

될 수 있다.

　이때 지원 병원에 대한 정보를 완벽하게 숙지하고 있어야 한다. 병원의 비전, 핵심 가치, 주요 사업, 최근 이슈 등을 충분히 숙지하고 면접에 임해야 한다. 특히 자신감 있고 긍정적인 태도를 유지하며 밝고 적극적인 자세로 질문에 성실하게 답변한다. 아울러 핵심 내용을 중심으로 간결하고 논리적으로 답변하고, 질문 기회를 활용해 궁금한 점이나 병원에 대한 관심사를 질문하여 적극적인 자세를 보여 주는 것이 좋다.

5. 실기시험(해당 시)

　간호직의 경우 기본적인 간호 술기(주사, 활력징후 측정, 드레싱 등)를 평가할 수 있다. 이때의 준비 전략은 다음과 같다.

　　1) 기본 간호 술기 숙달 : 학교 교육과 실습을 통해 습득한 기본 간호 술기를 정확하고 능숙하게 수행할 수 있도록 반복 연습한다.

　　2) 최신 지침과 프로토콜 확인 : 병원마다 술기 절차나 중요시하는 부분이 다를 수 있으므로 꼭 관련 정보를 확인해야 한다.

6. 인성검사(해당 시)

　인성검사는 일반적으로 지원자의 성격 특성, 직업 가치관, 조직 적응력 등을 평가하기 위해 시행한다. 검사 결과는 면접 과정에서 참고 자료로 활용될 수 있다. 이때는 솔직하고 일관성 있는 답변을 하는 것이 중요하다. 꾸미거나 과장된 답변보다는 솔직하고 일관성 있는 답변을 하자. 무엇보다 병원의 문화와 직무 특성을 고려해 자신의 성향을 자연스럽게 드러내는 것이 좋다.

7. 신체검사와 건강검진

최종 합격자를 대상으로 직무 수행에 필요한 건강 상태를 확인한다.

8. 최종 합격

모든 전형 과정을 거쳐 최종 합격자가 발표된다.

병원 취업 성공 전략

1. 명확한 목표를 설정하라

어떤 분야에서, 어떤 역할을 하고 싶은지 구체적인 목표를 설정하고 준비하는 것이 중요하다.

2. 차별화된 강점 개발

자신의 경험, 지식, 기술, 성격적 특성 등을 분석하여 다른 지원자와 차별화될 수 있는 강점을 개발하고 부각해야 한다.

3. 실무 경험 쌓기

인턴십, 봉사 활동, 아르바이트 등 다양한 실무 경험을 통해 직무 이해도를 높이고 실질적인 역량을 키우는 것이 무엇보다 중요하다.

4. 관련 자격증 취득

해당 직종에 필요한 면허증과 자격증을 취득하는 것은 필수이며, 추가적인 전문 자격증은 경쟁력을 높이는 데 도움이 된다.

5. 지속적인 학습

의료 분야는 끊임없이 변화하므로, 최신 지식과 기술을 습득하기 위해 꾸준히 학습하는 자세가 필요하다.

6. 네트워킹 활용

병원 관계자, 선배, 교수님 등과의 네트워킹을 통해 채용 정보를 얻고 조언을 구할 수 있다.

병원 취업에 성공하기 위해서 가장 중요한 것은 매사 긍정적이고 적극적인 자세를 유지하는 것이다. 어려운 취업 과정에서도 긍정적인 마음을 유지하고 적극적으로 노력하는 자세가 핵심이라 하겠다. 또한 각 병원의 채용 기준과 특징을 분석하여 자신에게 가장 유리한 전략을 세우고, '맞춤형 지원'을 하는 것이 성공률을 높이는 지름길임을 꼭 잊지 말자.

병원 직종별 취업 전략 심층 분석

1. 간호사

· **핵심 역량 :** 간호 지식과 기술, 환자 간호 수행 능력, 의사소통 능력,

공감 능력, 팀워크, 문제 해결 능력, 응급 상황 대처 능력.

· **차별화 전략** : 임상 실습 경험 상세 기술, 봉사 활동 경험 강조, 전문 간호 분야(예 : 중환자, 응급, 종양 등)에 대한 관심과 학습 경험 어필, 관련 자격증(BLS, ACLS 등) 취득.

2. 물리치료사, 작업치료사

· **핵심 역량** : 관련 치료 이론과 기술, 환자 평가와 재활 계획 수립 능력, 운동치료와 작업치료 적용 능력, 의사소통 능력, 환자 교육 능력.

· **차별화 전략** : 다양한 임상 경험(종합병원, 재활병원 등), 전문 분야(예 : 신경계, 근골격계) 심층 학습, 관련 교육 수료, 자격증 취득.

3. 임상병리사, 방사선사

· **핵심 역량** : 관련 검사와 촬영 기술, 장비 사용 능력, 결과 분석 능력, 정확성, 신뢰성, 안전 관리 능력.

· **차별화 전략** : 관련 분야 실습 경험, 전문 장비 사용 경험, 질 관리 및 정도 관리 관련 경험, 관련 자격증 취득.

4. 행정직

· **핵심 역량** : 기획력, 분석력, 문제 해결 능력, 의사소통 능력, 대인 관계 능력, 조직 관리 능력, 컴퓨터 활용 능력.

· **차별화 전략** : 병원 행정 관련 경험(인턴, 아르바이트 등), 경영학, 보건

행정학 등 관련 전공, 데이터 분석 능력, 외국어 능력.

병원 취업 시 고려할 사항

1. 병원의 규모와 종류

대학병원, 종합병원, 중소 병원, 전문 병원 등 병원의 규모와 종류에 따라 업무 환경, 복지 수준, 발전 가능성 등이 다를 수 있다.

2. 근무 조건 확인

급여, 근무 시간, 휴가, 당직, 복리 후생 등을 꼼꼼하게 확인해야 한다.

3. 병원의 문화와 분위기 점검

조직 문화, 동료와의 관계 등은 직장 만족도에 큰 영향을 미치므로, 가능한 정보를 수집하고 신중하게 결정해야 한다.

4. 개인의 가치관 및 목표와 부합하는지

자신의 직업관, 성장 목표 등을 고려하여 자신에게 맞는 병원을 선택하는 것이 중요하다. 또한 단순히 현재의 조건뿐만 아니라, 장기적인 관점에서 자신의 성장 가능성을 고려해야 한다.

5. 병원 취업 관련 유용한 정보 채널

- **병원 홈페이지 채용 공고** : 가장 정확하고 최신 정보를 얻을 수 있는 공식 채널이므로 꼭 확인하자.
- **채용 전문 웹사이트**(예 : 잡코리아, 사람인, 인크루트 등) : 다양한 병원의 채용 정보를 한눈에 확인할 수 있다.
- **의료 관련 커뮤니티와 카페** : 현직자들의 생생한 경험과 정보를 공유하고 소통할 수 있다.
- **대학교 취업 지원 센터** : 취업 상담, 모의 면접, 채용 정보 제공 등 다양한 지원을 받을 수 있다.
- **관련 학회 및 협회** : 전문 분야의 채용 정보와 네트워킹 기회를 얻을 수 있다.
- **채용 에이전시** : 전문적인 컨설팅과 맞춤형 채용 정보를 제공받을 수 있다.

병원 취업은 인기가 높기 때문에 나날이 경쟁이 치열해지고 있는 추세이다. 그러나 체계적인 준비와 자신만의 강점을 부각하는 전략적인 접근을 통해 충분히 취업에 성공할 수 있다. 취준생들이 이 책과 함께 끊임없이 배우고 노력하며 긍정적인 자세로 도전을 이어 간다면, 분명 원하는 병원에서 꿈을 펼칠 수 있을 것이다.

왜 병원 자기소개서인가?

병원 자기소개서는 어떻게 써야 할까? 병원 자소서는 일반적인 자기소개서와 무엇이 달라야 할까? 단순히 개인의 역량을 나열하는 것을 넘어, 지원하는 병원의 가치와 문화에 대한 깊은 이해를 보여 주고, 환자를 향한 따뜻한 마음과 전문적인 태도를 진솔하게 담는 것이 바로 '병원 자기소개서'이다.

특히 생명과 직결된 업무를 수행하는 간호사는 자기소개서가 단순한 서류전형 자료를 넘어 지원자의 인성과 가치관을 엿볼 수 있는 중요한 도구로 활용된다. 그러나 기본적으로 병원 자기소개서 역시 자신의 역량과 경험, 장단점 등을 공유하고 어필하는 작문이기 때문에 공통적으로 유념해야 할 부분이 있다. 무엇을 유념해야 할까?

먼저 자기소개서를 작성하기 전에 점검해야 할 것이 있다. 바로 서류 전형에서 탈락한 지원자들을 분석하는 일이다. 모든 것이 그러하듯 실수만 줄여도 반은 성공한 것이다.

탈락한 지원자들을 반면교사 삼아서 그들이 어떤 실수를 했는지, 그들의 장점과 단점은 무엇이었는지를 점검하고 확인해 보면 생각보다 많은 것을 얻을 수 있다. 따라서 합격하는 병원 자소서를 작성하는 법에 대해 설명하기 전에, 먼저 대부분의 지원자들이 어려움을 느끼는 패턴부터 살펴보아야 한다.

이를 위해서는 채용을 담당하는(결정짓는) 병원 인사 담당자가 자기소개서에서 무엇을 보는가를 명확히 인지하고 있어야 한다. 이는 취업 성패를 가를 정도로 중요하다. 이 요소에 맞춰 자소서를 작성해야 하기 때문이다. 인사 담당자가 자소서에 중점적으로 확인하는 것은 다음의 다섯 가지이다.

1. 인성과 가치관

환자를 존중하고 배려하는 마음, 봉사 정신, 책임감, 윤리의식 등 병원에서 근무하는 의료인으로서 갖춰야 할 기본적인 품성을 확인한다.

2. 직무 역량

간호 지식, 기술, 문제 해결 능력, 의사소통 능력, 팀워크 등 실제 업무 수행에 필요한 역량을 평가한다. 따라서 경험에 기반한 구체적인 사례를 통해 제시하는 것이 효과적이다.

3. 조직 적응력

병원의 문화와 가치에 대한 이해도, 동료와의 협력 능력, 변화에 대한 수용성 등을 파악한다.

4. 성장 가능성과 발전 의지

끊임없이 배우고 발전하려는 자세, 전문성을 향상시키기 위한 노력 등을 확인한다.

5. 지원 동기와 충성도

자신이 왜 이 병원에 지원했는지 명확한 이유를 제시하고, 오랫동안 함께 성장하고 싶은 진심을 보여 주는 것이 중요하다.

병원 자기소개서에 대한
오해와 진실

병원 자소서에 대해서는 오랫동안 몇 가지 잘못된 상식, 오해가 존재한다. 이는 시간이 지나도 잘 바뀌지 않는다. 2025년 현재에도 그렇다. 본격적으로 병원 자소서 쓰는 법을 학습하기 전에 오해부터 타파해 보자.

오해 1 화려한 스펙과 수상 경력만이 전부다?

진실 : 물론 언제 어디서나 개인의 역량은 중요하지만, 병원은 단순히 뛰어난 기술자를 원하는 것이 아니다. 투철한 직업의식, 공감 능력, 팀워크, 문제 해결 능력 등 간호사로서 갖춰야 할 인성과 태도를 더욱 중요하게 평가한다. 이 점을 간과해서는 안 된다.

오해 2 병원 자소서는 정해진 틀에 맞춰 쓰는 것이 안전하다?

진실 : 획일적인 자기소개서는 인사 담당자의 눈길을 끌기 어렵다. 이것은 일반 기업이든 병원 관계자든 동일하다. 자신만의 강점과 경험을 진솔하게 녹여 내어 차별화된 스토리를 만들어야 한다.

오해 3 추상적인 표현과 미사여구로 포장하는 것이 효과적이다?

진실 : 그렇지 않다. 구체적인 경험을 바탕으로 자신의 역량을 명확하게 제시하고, 간결하고 진솔한 언어로 전달하는 것이 훨씬 설득력 있음을 유념하라.

오해 4 지원하는 병원의 정보는 형식적으로 언급해도 된다?

진실 : 그렇지 않다. 병원의 홈페이지에 제시된 병원에 대한 여러 정보를 대충 취합하거나 인지해서 기술하면 한눈에 티가 난다. 그런 자소서는 누가 읽어도 성의 없어 보일 것이다. 따라서 병원의 비전, 핵심 가치, 특성 등을 깊이 이해하고 자신의 경험 및 목표와 어떻게 연결되는지 구체적으로 보여 주는 것이 핵심이다. 형식에만 맞춰 병원의 정보를 나열할 생각은 애초부터 버려라.

오해 5 한 번 잘 쓴 자기소개서는 여러 병원에 돌려써도 된다?

진실 : 지원자들이 실패하는 경우 중 하나가 자신이 지원하는 병원, 학과에 대해서 명확히 인지하지 못한 채 다른 분야(임무)인데도 비슷하거나 동일한 내용의 자소서를 병원 이름만 바꾸어 쓰는 경우이다. 각 병원의 특성과 채용

기준에 맞춰 내용을 수정하고, 해당 병원에 대한 관심과 열정을 보여 주는 것은 기본 중의 기본이고 필수이다.

병원의 의도에 부합하는
자소서 작성하기

지원하려는 병원이 의도하는 바를 충족하는 자기소개서를 작성하기 위한 첫걸음은 질문에 정확히 답하는 습관을 들이는 것이다. 다시 말해, '동문서답'하지 않는 자소서를 쓰는 것이 가장 중요하다. 이번 글에서는 질문에 제대로 된 답을 하는 자소서 쓰는 법에 대해 살펴본다.

질문 자체를 이해하는 것이 급선무다

병원의 평가 기준에 부합하는 제대로 된 자소서를 작성하기 위해서는 '자소서 = 시험문제'라고 생각하는 것이 가장 바람직하다. 자소서를 시험문제라고 생각하면, 질문의 조건과 의도를 한층 더 꼼꼼하게 보고 답을 찾기 위해 노력할 것이다. 그런데 대다수의 지원자는 자소서를 시험문제로 여기지 않는 것 같다. 그러다 보니 문항을 제대로 보지 않고 오답을 작성하는 사람이 매우 많다.

먼저 자소서라는 시험문제에 제대로 된 답을 하지 않는 유형이 무엇인지부터 자세히 살펴본다.

유형 1 단정하여 작성하는 유형

'지원 동기를 작성하라'는 시험문제가 출제되었다고 생각해 보자. 시험문제는 분명히 동기만을 묻고 있다. 그런데 대다수의 지원자는 회사 지원 동기를 작성하라는 문제로 단정한다. 둘은 무엇이 다를까?

보통 자소서의 지원 동기 유형은 직무 지원 동기와 회사 지원 동기로 구분된다. 이 점을 많은 지원자들이 모르기 때문에 무턱대고 회사의 지원 동기로만 꽉 채우려고 한다. '지원 동기를 작성하라'는 문제에 제대로 답하기 위해서는, 800자로 주어졌다면 400자씩 나누어 직무 지원 동기와 회사 지원 동기를 작성해야 한다. 이 사실을 꼭 기억하길 바란다.

만약 병원에서 지원 동기만 알고 싶었다면 기업에 지원한 동기를 쓰라고 명확히 제시한다. 그런데 지원 동기를 작성하라고 했다면, 이는 직무 및 병원 지원 동기 두 측면 모두를 골고루 확인하려는 것이다. 이것을 잘 캐치해야 한다.

                                      Part.1 병원 자소서의 모든 것

 문항의 키워드 자체를 무시하는 유형

만약 '학업 외에 관심을 가지고 열정을 발휘한 경험에 대해 기술하라'고 했다면, 반드시 '학업 외에 관심'이라는 주제어에 주목해야 한다. 다시 말해 문항에서 주어진 키워드를 잘 들여다보아야 한다는 것이다. 여기서 가장 중요한 것은 '학업 외의 관심 사항'이므로 반드시 학업 외 관심 사항을 생각해야 한다.

만약 병원에서 단순히 '열정을 발휘한 경험들'이 무엇인지 알고 싶었다면, 열정을 발휘한 경험을 기술하라고 했을 것이다. 그럼에도 콕 찍어서 '학업 외 관심'이라고 한 것은 학업 이외에 지원자가 어떤 관심 사항을 가지고 있는지 자세히 분석하고자 함이다. 자소서 문항에 기술된 키워드 하나하나가 평가 요소라는 점을 기억하면서 연습하면 큰 도움이 될 것이다.

 문항의 의도 자체를 잘못 이해하는 유형

'공동의 목표를 달성하기 위해 구성원들을 어떻게 설득했는가'라는 문항이 주어졌다면, 이 경우에는 깊이 있는 해석이 필요하다. 병원은 그 어느 곳보다 팀워크와 구성원 간의 조화와 화합을 중요시하기 때문에 공동의 목표를 달성한 경험 등을 기술할 때는 각별히 신중해야 한다.

이는 일견 팀워크에 대한 경험을 묻는 것처럼 보이지만, 이 문항의 의도는 다른 사람의 도움이나 협조를 얻기 위해 설득한 경험을 묻는 것이 본래 목적이다. 더 구체적으로는 같은 목표를 공유하는 팀원들을 설득해 본 경험을 작성하라는 것이다. 따라서 내가 조직원들의 협조를 얻기 위해 어떤 방법을 사용했다는 것을 강조하거나 부각해서 기술하는 데 초점을 맞추어야 한다. 이것이 글의 핵심이 되어야 한다.

이런 점에서 '내가 병원에 입사하면 팀워크를 중시하는 사람이 되겠다'는 식으로 접근하면, 문항의 의도를 잘못 해석한 것이라고 할 수 있다. 병원은 당신의 포부를 듣고 싶은 것이 아니라, 실제 당신이 성공한 '설득 경험'을 구체적으로 듣고 싶다는 점을 결코 잊어서는 안 된다.

지금까지 살펴본 세 가지 유형은 대표적으로 자소서 문항에 동문서답하는 부분을 소개한 것이다. 이 세 가지만 완벽히 이해해도 최고의 자소서를 작성하는 데 부족함이 없으리라 확신한다.

왜냐하면 이런 방식으로 동문서답하는 자소서가 전체 자소서의 90% 가까이에 달하기 때문이다. 반대로 생각하면 당신이 이 세 가지 유형만 신경 써서 피하면 상위 10% 수준의 차별화된 자소서를 작성할 수 있다.

자소서의 목적과 목표 점검하기

자기소개서를 작성하기에 앞서 우리가 자소서를 작성하는 목표와 목적을 다시 점검하는 일은 매우 중요하다. 이 부분에서 당신에게 질문 하나를 던진다.

"당신은 자소서를 많이 쓰는 것이 목표인가? 아니면 병원에 합격하는 것이 목표인가?”

당연히 합격이 목표일 것이다. 두말하면 잔소리이다. 자, 그러면 다시 묻는다.

“자소서에 성공적으로 합격하는 것이 목표인가? 아니면 최종적으로 병원에 취직하는 것이 목표인가?”

이는 비슷한 질문 같지만, 어떤 대답을 하느냐에 따라 취업 전략이 완전히 달라질 수 있다. 자소서를 쓰는 것, 다시 말해 지원서를 제출하는 데 있어서 내가 가장 중요한 문제라고 여기는 지점은 바로 ‘전략의 부재’이다.

막상 채용 공고가 뜨면 대부분의 지원자들은 닥치는 대로, 마구잡이로 지원서를 작성하기 바쁘다. 대충 자신의 전공에 부합하거나, 병원의 복리후생 조건이 만족스럽거나, 이도 아니면 타이밍이 맞으면 그냥 다 지원한다. 그러나 마구잡이식 지원은 합격률 자체가 떨어진다. 다시 말해 헛된 에너지만 낭비하는 격이다.

따라서 합격하기 위해서는 ‘직무 중심 사고’를 해야 한다. 이는 병원의 다양한 직무 중에서도 한두 개만 집중해서 선택하라는 것이다. 직무 중심 사고가 취업 성공의 지름길이다. 나의 강점과 성공 경험을 토대로 남들보다 탁월한, 차별화된 직무를 선정해야 한다.

병원의 간호사로 취업하려 할 때도 마찬가지이다. 간호대학이나 간호학과 등에서 전공한 분야와 연구 분야에만 포커스를 맞추라는 것이다. 여기에서 핵심 포인트는 메인 직무 한 개, 서브 직무 한 개 정도로 총 두 개를 넘기지 않아야 한다는 점이다.

직무가 중구난방식으로 여러 개면 집중해서 포트폴리오를 구성하기가 어렵다. 그럼에도 서브 직무를 하나 작성하라고 하는 것은 스스로 자신의 직무를 제대로 파악하지 못한 상태일 수 있기 때문이다. 다시 말해 애초에 직무 선택이 올바르지 못했을 수 있도 있으므로 가능성을 열어 두는 것이다.

정확한 직무를 타깃하라

지금껏 나는 일관되게 '직무'의 중요성을 강조하고 있다. 열 번을 강조해도 아깝지 않은 것이 바로 정확한 '직무 이해'이다.

만약 당신이 운전을 아주 잘한다고 가정해 보자. 그런데 목적지와는 정반대의 길로 가고 있다면 어떻게 될까? 아무리 운전을 잘하더라도 목적지에는 결코 도달할 수 없을 것이다. 이는 구직자들에게도 똑같이 적용될 수 있다.

자신이 입사하고자 하는 기업에서 맡을 직무를 온전히 이해하지 못하고 서류를 작성하면 십중팔구 좋은 결과를 낼 수 없다. 직무만 정확히 이해해도 스펙과 관계없이 성공적인 결과를 도출할 수 있다. 왜냐하면 상당수의 지원자가 엉뚱한 방향으로 운전을 하고 있기 때문이다.

실제로 병원의 취준생 중 상당수가 직무를 혼동한다. 병원에는 다양한 직무가 있지만, 자신이 지원하는 것이 간호사라면 딱 하나, '간호 직무'에만 집중하면 된다.

직무를 제대로 이해하지 않고 자소서를 작성하면, 지원 동기나 입사 후의 포부가 명확히 드러나지 않는다. 아래는 대표적으로 간호 직무에 대해 기재한 표다.

〈직무 이해를 위한 체크 포인트〉

	간호 직무
필요 및 관련 역량	**1. 전문성** • 전문적인 간호 지식 : 인체의 구조와 기능, 질병의 병태생리, 약리학, 감염 관리 등 간호학 전반에 대한 깊이 있는 이해. • 간호 기술 숙련 : 기본적인 간호 술기(활력징후 측정, 투약, 주사, 상처 관리, 섭취와 배설 관리 등)를 정확하고 안전하게 수행하는 능력. • 임상적 추론 능력 : 환자의 상태를 종합적으로 판단하고, 간호 문제를 도출해 적절한 간호 계획을 수립하고 수행하는 능력. • 최신 지식 습득 노력 : 의료와 간호 분야의 새로운 지식과 기술을 지속적으로 학습하고 적용하는 자세. **2. 인성 및 태도** • 환자 중심 마인드 : 환자의 신체적, 정신적, 사회적 요구를 이해하고 존중하며 최상의 간호를 제공하려는 태도. • 공감 능력 : 환자의 고통과 어려움을 이해하고 함께하려는 마음. • 배려심 : 따뜻하고 친절한 마음으로 환자를 대하고 정서적인 지지를 제공하는 능력. • 책임감 : 맡은 업무에 대해 성실하고 꼼꼼하게 수행하며 결과를 책임지는 자세. • 윤리적 의식 : 간호사로서의 윤리적 기준을 준수하고 환자의 권익을 보호하는 마음.

3. 의사소통 및 협업 능력

- 효과적인 의사소통 : 환자, 보호자, 의사, 동료 간호사, 다른 의료진과 명확하고 이해하기 쉽게 정보를 전달하고 의견을 교환하는 능력.
- 경청 능력 : 상대방의 이야기를 주의 깊게 듣고 이해하는 자세.
- 공감적 의사소통 : 상대방의 감정을 충분히 이해하고 적절하게 반응하는 능력.
- 팀워크 : 동료 의료진과 협력해 공동의 목표를 달성하려는 태도.
- 갈등 관리 능력 : 팀 내 또는 환자와의 갈등 상황을 원만하게 해결하는 능력.

4. 상황 대처 능력

- 응급 대처 능력 : 위급한 상황 발생 시 침착하게 판단하고 신속하고 정확하게 대처하는 능력.
- 문제 해결 능력 : 예기치 않은 문제 발생 시 당황하지 않고 분석하여 적절한 해결책을 찾는 능력.
- 스트레스 관리 능력 : 업무에서 오는 스트레스를 건강하게 관리하고 극복하는 능력
- 시간 관리 능력 : 일의 우선순위를 정하고 효율적으로 업무를 수행하는 능력
- 관찰력 : 환자의 상태 변화를 세밀하게 관찰하고 이상 징후를 빠르게 감지하는 능력

업무

1. 환자 간호

- 환자 상태 관찰 및 기록 : 활력징후(체온, 맥박, 혈압, 호흡) 측정, 통증 정도, 의식 상태, 기타 증상 등을 파악하고 기록.
- 투약 : 의사의 처방에 따라 정확한 약물을 정확한 용량으로 투여.
- 상처 관리 : 드레싱 교환, 소독, 봉합사 제거 등 상처 부위를 관리.
- 기본 간호 : 위생 관리, 식사 보조, 배설 관리, 체위 변경 등 환자의 기본적인 요구를 충족.
- 검사 보조 : 혈액 검사, 소변 검사, X-ray 촬영 등 각종 검사를 준비하고 환자를 안내.
- 수술 보조 : 수술실에서 의사를 도와 수술 과정을 보조.

2. 환자 교육과 상담

• 질병 및 치료 설명 : 환자와 보호자에게 질병의 원인, 진행 과정, 치료 방법, 예후 등을 설명.

• 자가 관리 교육 : 환자가 스스로 건강을 관리할 수 있도록 교육(예 : 당뇨 환자의 혈당 관리, 고혈압 환자의 식이 요법).

• 정서적 지지 : 환자의 불안, 두려움, 고통 등을 이해하고 정서적으로 지지.

3. 의료진과의 협력

• 의사에게 환자 상태 보고 : 환자의 상태 변화를 의사에게 알린다.

• 다른 의료진과의 협력 : 물리치료사, 영양사, 사회복지사 등 다른 의료진과 협력해 환자에게 최적의 치료를 제공한다.

4. 기타 업무

• 간호 기록 작성 : 환자의 상태, 간호 내용, 치료 경과 등을 기록.

• 의료 장비 및 물품 관리 : 의료 장비의 작동 상태를 점검하고, 필요한 물품을 준비.

• 감염 관리 : 병원 내 감염을 예방하기 위해 위생 관리에 철저.

5. 전문 간호사 : 특정 분야(예 : 응급, 중환자, 종양, 감염 관리)에서 전문적인 지식과 기술을 가지고 환자를 간호.

이처럼 각 직무별로(여기서는 간호 직무를 예시로 함) 수행하는 업무와 필요 역량을 정리하는 것이 직무 이해를 위한 첫 번째 단계다. 각 병원의 홈페이지와 채용 사이트에는 직무별 업무와 필요 역량에 대해서 대단히 자세히 나와 있다. 이를 참고하는 것만으로도 직무를 이해하는 데 이미 절반은 달성한 셈이다.

직무 역량 높이는 방법

1. 이해한 직무를 적극적으로 활용하라!

채용 사이트와 홈페이지의 정보, 현업자와의 인터뷰를 통해 어느 정도 직무에 대한 이해가 쌓였다면, 이제 해야 할 일은 직무 수행에 필요한 역량을 내 경험에 비추어 적용할 수 있어야 한다. 직무에서 필요로 하는 역량이 무엇인지, 이를 갖추기 위해 나는 어떤 경험을 했는지 연결시켜 정리해야 한다.

아래의 표에서 앞서 작성한 경험 중 베스트를 뽑아서 어떤 역량을 자기소개서와 연결시켜 적을지 체크해 보자. 이때 제시된 역량에 속하지 않는 것은 기타 란에 적도록 하자. 그리고 이 경험을 성취 경험이나 성장 과정에 적을지, 성격의 장점에 적을지, 아니면 지원 동기에 적을지를 연결 항목 부분에 적어 보자.

→ 역량 ↓ 경험	성취 실패	창의력	팀워크 리더십	소통 갈등	책임 성실	친화력	긍정 배려	기획력 분석력	조직 적응력	업무 전문성	기타	연결 항목
예) 자전거 여행	0											

이것은 자기소개서에서 아주 중요한 부분이니 귀찮다고 그냥 넘어가지 말고 꼭 체크하길 바란다.

지금까지 자신의 경험을 적고 직무에서 필요로 하는 역량과 연결 지어 보았다. 이 과정을 한눈으로 정리할 수 있도록 대표적으로 간호 직무와 연결시켜 보았다.

2. 간호사 직무 역량 개발 프로세스 예시

(희망 직무 : 종합병원 중환자실 간호사)

1) 직무 분석과 현업자와의 인터뷰를 통한 직무 이해하기와 역량 파악하기

내용 : 중환자실 간호사는 환자의 생명을 직접적으로 다루므로 전문적인 간호 지식과 숙련된 기술이 필수적입니다. 환자의 미세한 변화를 빠르게 감지하고 즉각적으로 대처할 수 있는 임상적 판단 능력과 응급 대처 능력이 중요합니다.

또한 중환자들은 신체적, 정신적으로 매우 취약한 상태이므로 환자, 보호자와의 신뢰 형성을 위한 공감 능력과 효과적인 의사소통 능력이 요구됩니다. 아울러 고강도의 업무 환경에서 동료 의료진과의 원활한 협력과 팀워크는 필수적입니다. 여기에 지속적인 학습을 통해 전문성을 향상시키는 자기개발 노력도 중요합니다.

또한 스트레스 상황에서도 침착하게 업무를 수행할 수 있는 정신적 강인함과 환자를 최우선으로 생각하는 윤리적 책임감도 간과할 수 없는 핵심 역량입니다. 간호 직무를 수행하는 데에는 책임감과 성실함, 친화력 등의 기초 역량도 중요합니다. 하지만 중환자실 간호사라는 특정 직무에서는 생명과 직결되는 전문성, 빠른 판단력, 공감적 소통 능력, 팀워크, 윤리적 책임감 등이 더욱 강조됩니다.

2) 나의 경험과 직무 역량을 연결하기

내용 : 전문적인 간호 지식 및 기술 습득.

- **학부 시절 학습** : 핵심 간호학 이론 심층 학습, 임상 실습 시 다양한 간호 술기 숙달(정맥 주사, 기관지 흡인, 인공호흡기 관리 등), 교내 스터디를 통해 중환자 간호 관련 논문과 사례 연구를 수행. 이를 통해 전문 지식 심화.

- **임상적 판단 능력 및 응급 대처 능력** : 응급 구조 자격 봉사 활동 경험. 응급 상황 발생 시 초기 대처 및 환자 이송 경험을 통해 위기 대처 능력 향상.

- **실습 중 시뮬레이션 훈련** : 다양한 응급 상황 시뮬레이션 참여를 통해 임상적 판단 능력과 문제 해결 능력 강화.

- **공감 능력과 효과적인 의사소통 능력** : 장기간의 환자 간호봉사 활동을 통해 환자의 어려움을 이해하고 공감하는 능력 함양.

- **실습 중 환자 및 보호자와의 면담** : 질병과 치료 과정에 대한 설명, 정서적 지지를 제공하며 효과적인 의사소통 능력 향상.

- **팀워크 및 협력 능력** : 다양한 배경의 학우들과 협력하여 과제를 수행

하며 팀워크와 협력의 중요성 체득.

- **실습 중 의료진과의 협력** : 간호사, 의사, 기타 의료진과의 정보 공유와 협력을 통해 팀 기반 간호의 중요성 인식.
- **자기개발 노력** : 중환자 간호 관련 전문 교육 프로그램 이수, 학회 및 세미나에 참석하여 최신 간호 지식과 기술 습득을 위해 노력함.
- **정신적 강인함** : 어려운 환자 간호와 힘든 근무 환경을 극복하며 정신적 회복 탄력성 강화.
- **윤리적 책임감** : 간호사 윤리 강령 학습과 사례 분석을 통해 윤리적 의사 결정 능력 함양.

이처럼 저는 다양한 경험들을 통해 중환자실 간호사에게 요구되는 핵심 역량들을 꾸준히 키워 왔습니다. 앞으로도 지속적인 학습과 경험을 통해 전문성을 더욱 향상시켜 환자에게 최상의 간호를 제공하는 데 기여하고 싶습니다.

물론 직무에 필요한 역량에 자신의 경험을 모두 대치시키지 못할 수도 있다. 그럴 때 보완할 부분을 별도로 분류해 실제 액션 플랜을 짜는 것이 중요하다.

자기소개서 틀 만들기

소재에 대한 분류와 역량이 완성된 다음에 실제 글쓰기가 시작된다. 대부분의 지원자들은 글쓰기에 심각한 어려움을 겪고 있다. 그럴 때 마치 수학 공식처럼 글을 잘 쓸 수 있는 공식이 있다면 자소서 작성에 대한 두려움을 없앨 수 있다. 이어지는 내용에서는 글쓰기와 관련된 나만의 '특별 공식'을 소개한다.

1. 헤드라인이 핵심이다!

여러분들은 인사 담당자(병원 관계자)들이 자소서를 읽는 데 대략 어느 정도의 시간이 걸릴 것이라 보는가? 놀라지 마시라. 적게는 1분, 많아야 2분 30초 정도가 평균적으로 인사 담당자들이 자소서를 읽는 데 들이는 시간이다.

내가 정성껏 기재한 모든 자소서를 담당자들이 꼼꼼하게 읽을 것이라는 생각은 일찌감치 버리는 것이 좋다. 인터넷 뉴스를 한번 생각해 보라. 수백 가지의 읽을거리들이 우리의 손바닥에서 펼쳐진다.

이때 독자들에게 선택되기 위해서는 때로는 과장과 잘 포장된 헤드라인이 필요하다. 헤드라인이 진부하면 독자는 떠난다. 자소서도 마찬가지다. 인사 담당자들을 유혹할 수 있는 제목을 만들어야 한다. 그들의 관심을 불러일으켜야 당신의 노력이 헛되지 않는다.

헤드라인은 한 줄만 읽어도 아래에 어떤 내용이 나올지 충분히 예상할 수 있게 해야 한다. 자소서는 추상적 글쓰기가 아니다. 인사 담당자들을 절대 괴롭혀서는 안 된다. 자소서는 그들의 유추 능력을 테스트하는 자리가 아니다. 따라서 헤드라인은 구체적으로, 그리고 눈길을 끌 수 있게 작성해야 한다. 이때 아래의 세 가지 방법이 가장 유용하다.

첫째, 경험과 역량이 드러나도록 작성한다. 간결하게 자신의 경험과 역량을 어필할 수 있다.

◐예 : 3개월간의 중환자실 실습에서 위기 상황 대처 능력을 인정받은 신뢰받는 간호 인재.

둘째, 숫자를 통한 강조 유형이다. 이는 가독성을 한층 높여 준다.

◐예 : 500시간 이상의 임상 실습을 통해 숙련된 기본 간호 술기를 갖춘 준비된 간호사.

셋째, 언어유희로 관심을 유발하는 유형이다. 개성 있는 표현을 적고 싶다면 꼭 한 번 활용해 보자.

◐예 : 환자의 마음까지 어루만지는 따뜻한 공감 능력, 100% 환자 만족을 넘어 감동을 선사하다.

2. 자소서 글쓰기 3단계 프로세스

경험을 보다 잘 드러내는 자소서를 작성하기 위해서는 다음의 3단계 프로세스를 거칠 것을 추천한다. 다음 예시(간호 직무)를 통해 3단계 프로세스를 완벽히 익혀 보자.

〈예 : 간호학과 최초의 응급 구조 동아리 창설에 도전하다!〉

1) 어릴 적부터 저는 생명을 살리는 일에 뜨거운 열정을 품고 있었고, 어려운 상황에 처한 사람들을 돕는 데 주저하지 않았습니다.

2) 간호학과 입학 후, 이론으로만 배우는 응급 처치의 한계를 느끼고 실질적인 술기와 팀워크를 훈련할 수 있는 응급 구조 동아리를 창설하기로 결심했습니다. 하지만 당시 학과 내에는 관련 동아리가 전무했고, 학생들의 관심과 참여를 이끌어 낼 수 있을지 우려의 목소리가 많았습니다. 이에 저는 응급 처치의 중요성과 동아리 활동의 필요성을 알리기 위해 학과 게시판과 온라인 커뮤니티를 통해 적극적으로 홍보했습니다. 또한 응급 구조 관련 서적과 자료를 탐색하며 동아리 운영 계획을 구체화하고, 응급구조사 자격증을 가진 선배들을 찾아가 조언을 구했습니다. 끈질긴 노력 끝에 뜻을 함께하는 학우들을 모을 수 있었고, 학과 교수님들을 설득하여 동아리 창설에 필요한 지원을 얻어 낼 수 있었습니다. 그 결과 간호학과 최초의 응급 구조 동아리인 'Emergency Rescuers'를 성공적으로 출범시킬 수 있었습니다.

3) 주변의 우려와 현실적인 어려움에도 불구하고, 간절한 목표를 향한 열정과 적극적인 노력으로 불가능해 보이는 일을 현실로 만들 수 있다는 것을 깨달았습니다. 이 경험을 통해 저는 주도적으로 문제를 해결하고, 긍정적인 마음으로 도전을 두려워하지 않는 간호사로 성장할 수 있다는 자신감을 얻었습니다.

• 1단계 : 두괄식으로 작성하라!

첫 줄은 두괄식으로 작성하는 것이 좋다. 위의 예시처럼 "어릴 적부터 생명을 살리는 데 주저함이 없었습니다"라고 쓰는 것이 두괄식 표현이다. 첫 문장에서 자신이 말하고자 하는 핵심 메시지를 정확히 전달해야 인사 담당자가 글을 쉽게 읽을 수 있다는 것을 꼭 명심하기 바란다.

단, 헤드라인과 첫째 줄의 내용이 중첩되는 경우도 발생하는데 그때는 첫 줄을 지워도 무방하다.

• 2단계 : 핵심 내용을 쓰라

글쓰기의 2단계에서는 핵심 메시지와 관련된 사례를 바탕으로 글을 풀어 가면 된다. 위의 예시에서는 도전이라는 핵심 메시지에 맞춘 사례를 보여 준다.

사례를 작성할 때 중요한 점은 경험만 단순히 나열해서는 안 된다는 것이다. 가능하면 사례를 작성할 때는 당시에 자신이 처한 상황이 어떠했고, 어려운 점이 무엇이었는지 알려 주어야 한다.

그리고 그것을 해소하기 위해 자신이 노력한 부분은 무엇이었는지를 구체적으로 써야 한다. 구체적으로 제시한 상황에서 어떻게 문제를 해결했는지에 대해 남다른 역량을 갖추고 있음을 표현해야 한다.

글쓰기의 3단계에서는 자신이 했던 경험을 통해 무엇을 배웠는지를 작성한다. 자신이 강조한 역량을 바탕으로, 앞으로 회사에서 어떤 자세로 일할 것인지를 강조해도 좋다. 글자 수가 넘칠 때는 이 부분을 작성할 필요가 없을 때도 있다.

가장 안 좋은 글은, 사례는 빈약한데 그 경험을 통해 배운 점을 너무 장황하게 나열하는 경우다. 정리하는 차원의 문장은 가급적 한 문장으로 간결하게 써야 함을 잊지 말기를.

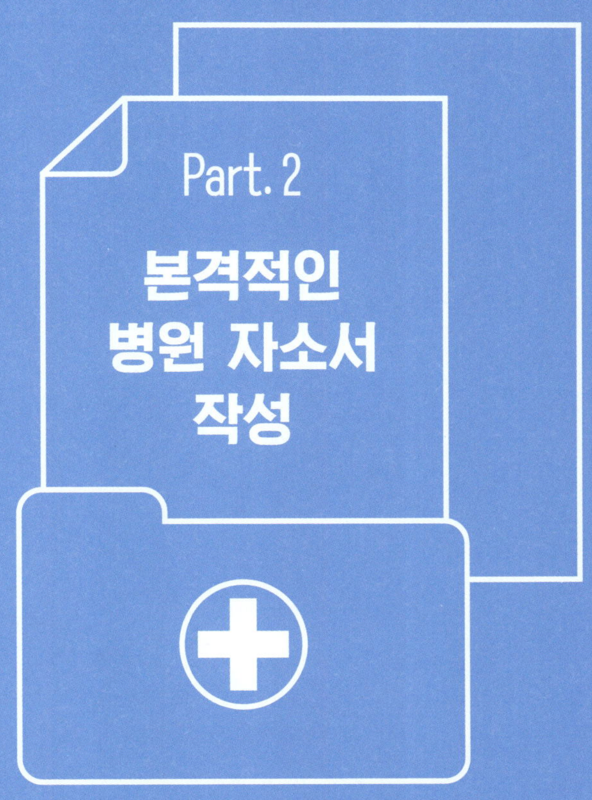
Part. 2
본격적인
병원 자소서
작성

매력적인 병원 자소서를 위한
5단계 작성법

병원 취업(간호사 등)의 꿈을 향해 나아가는 여정에서 자기소개서는 나의 열정과 역량을 보여 주는 첫 번째 관문이다. 첫 단추를 잘 끼워야 하는 것처럼 자소서도 처음 시작이 좋아야 한다. 단순히 개인적인 이야기를 나열하는 것을 넘어, 채용 담당자의 마음을 사로잡고 나의 가능성을 확신시키는 설득력 있는 글을 써야 한다.

이번 장에서는 성장 과정, 장단점, 지원 동기, 경험, 입사 후 포부 등 자소서의 각 항목에 대해 병원의 다양한 직무와 관련된 심도 있는 설명을 풍부한 예시와 함께 제시한다. 취준생들이 자신만의 목소리로 설득력 있는 자기소개서를 작성하는 데 도움을 드리고자 한다.

앞에서 글 잘 쓰는 다섯 가지 방법을 익혔다면, 지금부터는 실전 전략이다. 이번 주제에서는 매력적인 병원 자기소개서를 작성하는 5단계 프로세스에 대해 설명한다.

- **1단계 : 철저한 자기 분석 및 경험 정리**

자신의 강점, 약점, 가치관, 주요 경험(학업, 실습, 봉사 활동 등)을 심층적으로 분석하고 구체적인 사례를 중심으로 정리한다. 이때 STAR 기법 Situation, Task, Action, Result 등을 활용하면 더욱 효과적이다. 'STAR 기법'의 핵심은 아래와 같다.

1) Situation(상황)	당시 어떤 상황이었는지 간략하게 설명한다.
2) Task(과제)	나에게 주어진 역할이나 목표는 무엇이었는지 명확하게 제시한다.
3) Action(행동)	목표를 달성하기 위해 내가 실제로 어떤 행동을 취했는지 구체적으로 기술한다. 이때 나의 노력, 문제 해결 과정, 의사소통 방식 등을 상세하게 보여 주는 것이 중요하다.
4) Result(결과)	나의 행동이 어떤 결과를 가져왔는지 객관적으로 제시한다. 여기서 수치화할 수 있는 결과가 있다면 더욱 효과적이다. 결과를 통해 내가 얻은 교훈이나 성장을 함께 언급하는 것도 매우 좋은 방법이다.

- **2단계 : 지원 병원 분석**

병원의 역사, 비전, 핵심 가치, 주요 사업, 최신 뉴스 등을 꼼꼼하게 조사하고 분석한다. 병원 홈페이지, 관련 기사, 현직자 인터뷰 등을 활용할 수 있다.

● 3단계 : 핵심 키워드 도출 및 연결

자기 분석 결과와 병원 분석 결과를 바탕으로 자신을 가장 잘 나타내고 병원이 원하는 인재상과 부합하는 핵심 키워드를 도출한다. 이를 자기소개서 각 항목에 자연스럽게 녹여 내자.

● 4단계 : 설득력 있는 스토리텔링

단순히 사실을 나열하는 것이 아니라, 구체적인 경험을 바탕으로 성장 과정, 어려움 극복 과정, 성과 등을 진솔하게 이야기하며 감동과 신뢰를 주는 스토리를 구성한다.

● 5단계 : 논리적 구성 및 간결한 표현

서론-본론-결론의 논리적인 구조를 갖추고, 핵심 내용을 명확하고 간결하게 전달한다. 문법과 맞춤법 오류 없이 깔끔하게 작성하는 것도 중요하다.

간호사 자소서 작성

성장 과정

성장 과정은 단순히 어린 시절의 이야기를 나열하는 공간이 아니다. '성장 과정' 항목이야말로 간호사의 꿈을 키워 온 여정과 인성의 토대이다. 성장 과정은 그만큼 핵심적인 부분이자, 내가 왜 간호사를 희망하는지를 말해 주고 있기 때문이다.

이런 점에서 성장 과정은 내가 간호사라는 직업을 선택하게 된 계기, 가치관 형성에 영향을 준 경험, 그리고 간호사로서 갖춰야 할 기본적인 인성을 보여 주는 중요한 부분이라 하겠다.

성장 과정 작성에서 핵심은 간호사의 꿈과 연결할 의미 있는 경험을 중심으로 작성하고, 나의 인성이 간호 직무에 어떻게 부합하는지 보여 주는 데 집중해야 한다는 점이다. 단순히 나열하는 것이 아니라, 각 경험이 나에게 어떤 영향을 미쳤고, 어떤 가치관을 형성했는지 구체적으로 설명해야 한다.

결론적으로 성장 과정 항목에서는 단순히 어린 시절 이야기를 나열하는 것이 아니라, 현재의 자신에게 영향을 준 중요한 경험이나 가치관 형성에 결정적인 계기가 된 사건을 중심으로 기술해야 한다. 이때 간호사로서의 꿈을 키우게 된 계기나 인성적인 성숙을 보여 주는 에피소드를 포함하면 금상첨화다.

••• 한눈에 보는 "성장 과정" 작성 Tip! ✕

1. 성향 및 가치관 형성에 직접적인 영향을 준 내용과 지원 직무의 관련성 확인

이때 중요한 것은 단순히 개인적인 성향이나 성격 형성에 영향을 준 사건을 나열하지만 말고, 그 경험이 간호사의 길을 선택하게 된 '결정적인' 계기나 가치관 형성에 어떻게 '직접적인' 영향을 미쳤는지를 명확하게 연결하는 것이다. 피상적인 연결보다는 깊이 있는 성찰을 보여 주는 것이 중요하다.

2. 지원하는 병원의 특징과 연결하라

병원의 설립 이념, 추구하는 가치와 당신의 성장 과정 속 경험이나 가치관이 어떻게 맞닿아 있는지 간략하게 언급하면 더욱 설득력을 높일 수 있다.

3. 극복 경험을 강조하라

어려움이나 역경을 딛고 성장했던 경험을 제시하면, 끈기 있고 긍정적이며 강인한 인상을 줄 수 있다. 이때 그 경험을 통해 배운 점이 해당 직무의 업무(예 : 간호 업무)에 어떻게 도움이 될지 연결하는 것이 중요하다.

• 구체적인 에피소드를 활용하라!

추상적인 이야기보다는 구체적인 사건이나 경험을 통해 당신의 성품이나 가치관을 드러내는 것이 효과적이다.

• 간호 관련 경험 연결

무엇이든 좋다. 인턴을 했던 경험이나, 봉사 경험 등 그간의 관련 경험 어떠한 것이든 도움이 된다. 특히 봉사 활동, 환자를 간병했던 경험, 의료 관련 행사 참여 등 간호사의 꿈을 키우는 데 영향을 준 경험을 강조하는 것이 중요하다.

• 특유의 긍정적 가치관을 어필하라!

어려움을 극복했던 경험, 타인을 배려했던 경험, 책임감을 발휘했던 경험 등을 통해 간호사로서 중요한 긍정적인 가치관을 어필한다. 간호사가 긍정적이거나 낙관적이지 않다면 환자 역시 침체에 빠질 수 있음을 기억하라.

● 솔직하고 진솔한 태도

꾸며 낸 이야기보다는 솔직하고 진솔한 자신의 모습을 보여 주는 것이 중요하다.

●●● 강조 포인트별 맞춤 예시

1. 따뜻한 마음과 봉사 정신 강조

"어릴 적 몸이 불편하신 할머니를 곁에서 보살피며, 작은 도움에도 밝게 웃으시는 할머니의 모습에서 큰 보람을 느꼈습니다. 그때부터 타인의 고통을 이해하고 돕는 것에 깊은 가치를 느끼게 되었고, 간호사의 꿈을 키우는 계기가 되었습니다. 학창 시절에는 꾸준히 양로원 봉사 활동에 참여하며 어르신들의 말벗이 되어 드리고, 기본적인 간호를 도우면서 나눔의 기쁨과 함께 간호사의 역할을 간접적으로 경험할 수 있었습니다."

2. 강한 책임감과 문제 해결 능력 강조

"고등학교 시절 학급 친구가 갑작스러운 호흡 곤란으로 쓰러졌을 때, 당황하지 않고 침착하게 119에 신고하고 응급 처치를 시도했던 경험이 있습니다. 다행히 친구는 무사히 회복했지만, 그 순간의 긴장감과 함께 위기 상황에서 신속하고 정확하게 대처하는 능력의 중요성을 절실히 깨달았습니다. 이 경험을 통해 간호사는 단순히 지식을 넘어선 책임감과 문제 해결 능력이 필수적임을 인지하게 되었습니다."

장점과 단점

간호사 자소서에서 장단점을 기술하는 부분은 '나의 강점이 간호 직무에 어떻게 기여하고, 약점은 어떻게 보완해 나갈 것인가?'가 핵심적인 작성 요소가 되어야 한다.

장단점 항목은 나의 자기 인식 능력과 발전 가능성을 보여 주는 부분이다. 그러므로 솔직하게 자신의 강점과 약점을 인정하고, 강점은 간호 직무에 어떻게 활용할 수 있는지, 약점은 어떻게 개선해 나갈 계획인지 등을 구체적으로 제시해야 한다.

여기에서 핵심은 단순히 성실함, 꼼꼼함과 같은 추상적인 단어를 나열하는 것이 아니라, 구체적인 경험을 바탕으로 나의 강점을 설명하고, 약점에 대해서는 솔직하게 인정하되 개선하려는 의지와 노력을 강조해야 한다는 점이다.

결론적으로 자신의 성격적인 강점은 간호 직무와 연결하여 구체적인 사례와 함께 제시하고, 단점은 솔직하게 인정하되 개선하려는 노력과 구체적인 계획을 함께 보여 주는 것이 중요하다.

Part.2 본격적인 병원 자소서 작성

● 언제나 균형 있는 시각을 유지하라

장점을 강조한다고 불필요한 과장과 왜곡을 사용하면 오히려 역효과를 보일 수 있다. 너무 자기 자랑처럼 보이거나, 또는 지나치게 자기를 비하하는 인상을 주지 않도록 균형을 맞추는 것이 중요하다.

● 스트레스 관리 능력에 대해 언급하라

간호사는 정신적, 육체적으로 스트레스가 높은 직업이다. 따라서 스스로 건강하게 스트레스를 관리하고 업무에 집중할 수 있는 자신만의 방법이 있다면 언급하는 것도 매우 좋은 방법이다. 의외로 스트레스 관리법을 기술하지 않는 지원자가 많기 때문에 차별화를 둘 때 긴요하므로 꼭 기억하자.

••• 작성 핵심 비법 

1. 강점을 제시하라!

간호 직무와 관련된 나의 강점을 명확하게 제시하고, 구체적인 경험을 통해 이를 뒷받침한다.
(예 : 뛰어난 공감 능력 → 환자들과의 긍정적인 관계 형성 경험.)

2. 약점도 제시하라!

솔직하게 자신의 약점을 인정하되, 단순히 나열하는 것에 그치지 않고 그 약점이 업무에 미치는 영향을 최소화하고 개선하기 위한 구체적인 노력을 함께 제시하는 것이 좋다.

(예 : 낯선 환경에 대한 적응에 다소 시간이 걸리는 편입니다. → 새로운 환경에 빠르게 적응하기 위해 적극적으로 동료들에게 질문하고 업무 매뉴얼을 숙지하며 노력하고 있습니다.)

3. 균형 있는 시각을 유지하라! ▼ Q

장점과 단점 모두 솔직하게 작성하되, 전체적으로 긍정적이고 발전적인 인상을 주는 것이 중요하다.

••• 강조 포인트별 맞춤 예시 ✕

1. '뛰어난 공감 능력' 강조 ▼ Q

"저의 가장 큰 강점은 타인의 감정을 깊이 이해하고 공감하는 능력입니다. 간호학과 학회 활동 중 환자들의 어려움을 함께 나누고 지지하는 멘토링 프로그램을 진행하면서, 환자들이 겪는 고통과 불안감을 진심으로 이해하고 공감하며 정서적인 안정감을 제공하는 것이 얼마나 중요한지 깨달았습니다. 이러한 공감 능력은 환자들과 신뢰하는 관계를 형성하고, 마음을 어루만지는 따뜻한 간호를 제공하는 데 큰 도움이 될 것이라고 생각합니다."

2. '꼼꼼함과 책임감' 강조 ▼ Q

"저는 맡은 일에 대해 끝까지 책임감을 가지고 꼼꼼하게 처리하는 성향이 강합니다. 임상 실습 중 환자의 투약 기록을 꼼꼼하게 확인하고, 간호 계획을 세밀하게 점검하여 오류를 최소화하려고 노력했습니다. 이러한 꼼꼼함과 책임감은 환자의 안전과 직결되는 간호 업무를 수행할 때 저의 중요한 강점이 될 것이라고 확신합니다.”

“저의 약점은 때로는 완벽주의적인 성향이 강하여 업무 처리 속도가 다소 느릴 수 있다는 점입니다. 이러한 단점을 극복하기 위해 업무의 우선순위를 명확히 하고, 시간을 효율적으로 관리하는 연습을 꾸준히 하고 있습니다. 또한 동료들과 협력하여 업무를 분담하고, 필요한 경우 도움을 요청하는 등 유연하게 대처하는 능력을 키우기 위해 노력하고 있습니다.”

“새로운 환경에 적응하는 데 다소 시간이 걸리는 편입니다. 이러한 점을 인지하고, 새로운 부서나 환경에 배치될 경우 적극적으로 동료들에게 먼저 다가가 소통하고, 업무 매뉴얼을 꼼꼼히 숙지해 빠른 적응을 위해 노력할 것입니다. 또한 변화에 대한 긍정적인 태도를 유지하며, 새로운 환경에 유연하게 적응해 나갈 수 있도록 꾸준히 노력하겠습니다.”

지원 동기

간호사 자소서에서 지원 동기 항목은 한마디로 나의 ‘열정과 목표’를 기술하는 부분이다. 이 점을 반드시 기억해야 한다. 내가 왜 이 병원, 이 직무를 선택했는지 명확히 표현하는 것이 핵심이다.

따라서 내가 왜 간호 직무를 택했으며, 왜 이 병원에서 일하고 싶은지, 왜 간호사에 관심을 갖게 되었는지 나만이 가지고 있는 포부와 열정, 목표와 연결 지어 기술해야 한다.

지원 동기는 자소서 항목 중 향후 진행할 업무와 관련해 자신을 표현할 수 있는 가장 중요한 부분이다. 그러므로 단순히 병원의 명성이나 복지 조건을 언급하기보다는 나의 가치관, 간호 철학, 그리고 병원의 특징을 연결하여 진정성 있는 동기를 제시해야 한다.

이때의 핵심은 간호에 대한 나의 열정과 목표가 지원하는 병원의 비전 및 가치와 어떻게 부합하는지 구체적으로 연결하여 설명해야 한다는 점이다. 단순히 '환자를 돕고 싶다'라는 추상적인 표현보다는, 나의 간호 철학을 보여 주고 이 병원에서 나의 목표를 어떻게 실현하고 병원과 동반 성장해 갈 수 있을지 제시해야 한다.

결론적으로 지원 동기 항목에서는 왜 간호사가 되고 싶은지, 수많은 병원 중 왜 이 병원을 선택했는지 명확한 이유를 제시해야 하며, 병원의 특징과 자신의 경험, 가치관을 연결하여 진정성 있는 동기를 보여 주는 것이 가장 중요하다.

아울러 지원 동기 항목은 향후 간호사로서 어떤 가치관을 가지고 환자를 대할 것인지, 어떤 간호사가 되고 싶은지, 자신만의 철학을 보여 주는 문항이다. 그러므로 환자 중심의 간호, 전문성 향상에 대한 의지 등도 구체적으로 표현해야 함을 유념하자.

● 단순한 호감 이상의 '명확한' 이유를 제시하라 ▼ Q

단순히 환자를 돕고 싶어서, 이 병원이 좋아서라는 식의 피상적인 동기보다는 구체적인 경험, 가치관, 간호 철학 등을 바탕으로 왜 '이 병원의 이 직무'를 선택했는지 명확하고 설득력 있는 이유를 제시해야 한다.

● 병원 분석을 반드시 깊이 있게 하라 ▼ Q

병원의 홈페이지, 관련 뉴스, 인터뷰 등에서 얻은 정보를 바탕으로 병원의 특성, 비전, 핵심 가치 등을 '정확히' 이해하고, 나의 강점 및 목표와 어떻게 '구체적으로' 연결되는지를 보여 주는 것이 중요하다. 지원하는 병원에 대해 피상적으로 알아보지 말고, 최근의 병원 동정과 이슈까지 자세히 살펴야 한다. 이 부분에서 다른 지원자들과는 완연히 다른 차별화를 둘 수 있다. 꼭 잊지 말기를!

● 개인적인 경험과의 연결을 강화하라 ▼ Q

간호사의 꿈을 꾸게 된 계기, 실습 경험 중 인상 깊었던 사건 등을 언급하며 지원 동기에 대한 진정성을 더하는 것이 중요하다.

● 미래의 성장 가능성을 암시하라 ▼ Q

단순히 현재의 지원 동기뿐만 아니라, 이 병원에서 간호사로서 '어떻게 성장하고 기여하고 싶은지'에 대한 비전을 간략하게 언급하여 연결성을 높이는 것이 효과적이다.

● 간호 철학에 대해 언급하라

간호사로서 어떤 가치관을 가지고 환자를 대하고, 간호를 수행할지에 대한 자신만의 철학을 간략하게 언급하는 것도 좋은 방법이다. 이는 자신의 직업관을 보여 주고 깊이 있는 인상을 줄 수 있다. 보통 지원 동기 항목에서 활용하는 것을 추천하지만 입사 후 포부 항목에도 자연스럽게 녹여 낼 수 있다.

••• 작성 핵심 비법 ✕

1. 먼저 지원하는 병원을 분석하라!

지원하는 병원의 설립 이념, 비전, 주요 사업, 특화된 분야 등을 충분히 조사하고 이해하는 것이 우선되어야 한다. 이후 병원의 특징적인 강점과 나의 관심사를 연결하는 것이 중요하다.

2. 개인적인 경험 연결

간호사의 꿈을 꾸게 된 계기, 간호 관련 경험 등을 언급하며 자연스럽게 지원 동기를 이끌어 낸다.

3. 직무에 대한 이해

간호사라는 직무에 대한 깊이 있는 이해를 바탕으로, 왜 이 직무에 매력을 느끼는지를 구체적으로 설명한다.

(예 : 중환자 간호에 대한 관심, 지역사회 간호에 대한 봉사 정신 등.)

Part.2 본격적인 병원 자소서 작성

4. 미래 포부 암시

단순히 현재의 지원 동기뿐만 아니라, 이 병원에서 간호사로서 성장하고 기여하고 싶은 나의 미래 포부를 간략하게 언급해 연결성을 높인다.

5. 진정성 있는 태도

지원 동기에서는 무엇보다 꾸밈없이 솔직하고 진솔한 마음을 담아 작성하는 것이 중요하다.

••• 강조 포인트별 맞춤 예시 ✕

1. 병원의 '비전'과 개인의 '가치관' 연결

"귀 병원의 '환자 중심의 통합적인 의료 서비스 제공'이라는 비전을 보면서, 제가 간호사로서 추구하는 가치와 깊이 일치한다고 생각했습니다. 학부 시절부터 환자 개개인의 특성과 필요를 존중하고 신체적, 정신적, 사회적 안녕을 포괄하는 전인(全人) 간호에 대한 중요성을 느껴 왔습니다. 귀 병원에서 이러한 가치를 실현하며 환자들의 건강 회복뿐만 아니라 삶의 질 향상에도 기여하고 싶습니다."

2. 특정 분야에 대한 관심과 병원의 강점 연결

"평소 응급 의료 분야에 깊은 관심을 가지고 있으며, 위기 상황에 놓인 환자들에게 신속하고 전문적인 간호를 제공하는 것에 큰 보람을 느낍니다. 귀 병원은 지역 응급 의료 센터로서 뛰어난 의료진과 시스템을 갖춘 것으로 알고 있습니다. 이곳에서 숙련된 의료진들과 함께 응급 환자들을 위한 최상의 간호를 제공하며 저의 역량을 명확하게 보여 드리고 싶습니다."

3. 실습 경험과 병원의 특징 연결　　　　　　　　　　▼ Q

"귀 병원에서 임상 실습을 하면서 환자들을 따뜻하게 배려하고 전문적인 지식을 바탕으로 헌신하는 간호사님들의 모습에 깊은 감명을 받았습니다. 특히 환자와 보호자에게 질병과 치료 과정을 상세하게 설명하고 정서적으로 지지하는 모습은 제가 꿈꿔 온 이상적인 간호사의 모습과 일치했습니다. 이러한 경험을 통해 귀 병원에서 동료 간호사님들과 함께 성장하며 환자들에게 신뢰와 희망을 주는 간호사가 되고 싶다는 확신을 갖게 되었습니다."

경험

경험에 대해 기술하는 항목은 지원자 역량을 입증하는 구체적인 사례가 제시되는 핵심적인 부분 중 하나이다. 경험 항목은 지원자가 간호사로서 필요한 역량을 실제로 어떻게 발휘했는지 보여 주는 부분이다. 그러므로 단순히 어떤 활동을 했다는 사실을 나열하는 것이 아니라 구체적인 상황, 당신의 역할, 행동, 그리고 결과를 명확하게 제시하여 당신의 역량을 입증해야 한다.

　아울러 자신의 강점이나 특별한 경험(예컨대, 어학 능력이나 봉사 활동, 관련 교육 이수 경험 등)을 어필하여 차별성을 부각할 수 있음도 잊지 말자. 이 때 간호 직무와 관련된 경험이나 역량을 중심으로 작성하는 것이 효과적이다.

경험 항목을 작성하는 핵심은 'STAR' 기법을 적극적으로 활용하여 각 경험을 구체적으로 설명하고, 그 경험을 통해 무엇을 배우고 느꼈으며, 간호 직무에 어떻게 적용할 수 있는지 연결하는 것이 관건이다.

문제 해결 능력, 팀워크, 공감 능력 등)과 어떻게 '직접적으로' 연결되는지 명확하게 언급하는 것이 중요하다.

● 다양한 경험을 활용하라

임상 실습뿐만 아니라 봉사 활동, 학회 활동, 아르바이트 등 다양한 경험을 활용하여 나의 다재다능함과 성장 가능성을 어필할 수 있다.

● 우수한 조직 적응력 및 협력 태도에 대해 언급하라

간호 업무는 팀워크가 매우 중요한 직업이다. 그러므로 원활한 의사소통 능력과 함께 동료 의료진과 협력하여 환자 중심의 통합적인 간호를 제공할 수 있는 능력과 태도를 어필하는 것이 중요하다. 물론 이 부분은 장단점 항목을 기술할 때 활용해도 무방하다.

••• 작성 핵심 비법

1. 간호 관련 경험을 중심으로 작성

임상 실습, 봉사 활동, 학회 활동, 아르바이트 등 간호 직무와 관련된 경험을 중심으로 작성한다.

2. STAR 기법 활용

Situation/상황　　당시 어떤 상황이었는지 간략하게 설명한다.
Task/과제　　　　나에게 주어진 역할이나 목표는 무엇이었는지 명확하게

　　　　　　　　　　Part.2　본격적인 병원 자소서 작성

	제시한다.
Action/행동	목표를 달성하기 위해 내가 실제로 어떤 행동을 취했는지 구체적으로 기술한다. 이때 나의 노력, 문제 해결 과정, 의사소통 방식 등을 상세하게 보여 주는 것이 중요하다.
Result/결과	나의 행동이 어떤 결과를 가져왔는지 객관적으로 제시한다. 여기서 수치화할 수 있는 결과가 있다면 더욱 효과적이다. 결과를 통해 내가 얻은 교훈이나 성장을 함께 언급하는 것도 매우 좋은 방법이다.

3. 역량 강조 

각 경험을 통해 얻은 역량(예 : 의사소통 능력, 문제 해결 능력, 팀워크, 책임감, 공감 능력 등)을 명확하게 연결하여 제시한다.

••• 강조 포인트별 맞춤 예시 ✕

1. 의사소통 능력 및 공감 능력 강조 

"○○병원 실습 중에 보호자님의 불안한 표정을 발견하고 먼저 다가가 힘든 점을 여쭤본 일이 있습니다. 보호자님은 환자의 상태 악화를 걱정하면서 간호 과정에 대한 불신을 표현하셨습니다. 저는 차분하게 환자의 현재 상태와 앞으로의 치료 계획을 상세하게 설명드리고, 궁금한 점에 대해 성심껏 답변드렸습니다. 또한 보호자님의 심리적인 안정을 위해 공감하며 경청하고 따뜻한 격려를 아끼지 않았습니다. 그 결과 보호자님은 불안감을 해소하고 의료진에게 신뢰를 보이셨으며, '간호사님의 친절한 설명 덕분에 마음이 놓인다'라는 말씀을 해 주셨습니다. 이 경험을 통해 환자와 보호자와의 효과적인 소통과 공감이 신뢰 구축에 중요한 역할을 한다는 것을 깨달았습니다."

2. 문제 해결 능력과 임상적 판단 능력 강조　　　　　　　▼ Q

"응급실 실습 중에 갑작스러운 활력징후 변화를 보이는 환자를 발견했습니다. 즉시 선임 간호사님께 보고하고, 환자의 상태를 신속하게 파악하기 위해 추가적인 vital sign 측정 및 산소 포화도 확인 등의 조치를 취했습니다. 선임 간호사님과 함께 환자의 증상을 분석하고, 이전 기록과 비교하여 문제의 원인을 파악하려고 노력했습니다. 그 결과 환자의 기도 유지 어려움을 확인하고 적절한 응급 처치를 시행하여 환자의 상태를 안정시킬 수 있었습니다. 이 경험을 통해 위기 상황에서 침착하게 대처하고, 신속하고 정확한 임상적 판단을 내리는 것이 얼마나 중요한지 다시 한 번 깨달았습니다."

3. 팀워크 및 협력 능력 강조　　　　　　　　　　　　　▼ Q

"○○요양병원 봉사 활동 중에 거동이 불편하신 어르신들의 식사를 돕는 과정에서 인력 부족으로 어려움을 겪었습니다. 저는 함께 봉사하던 학우들에게 상황을 설명하고, 효율적으로 어르신들의 식사를 도울 수 있는 역할 분담을 제안했습니다. 각자 맡은 역할을 수행하면서도 서로 협력하여 부족한 부분을 채워 주었고, 그 결과 제한된 시간 안에 모든 어르신들께 안전하고 편안하게 식사를 제공할 수 있었습니다. 이 경험을 통해 팀원들과의 원활한 소통과 협력이 업무 효율성을 높이는 데 얼마나 중요한지 깨달았습니다."

입사 후 포부

입사 후 포부는 내가 이 병원에서 어떤 목표를 가지고 성장하고 싶은지, 그리고 병원에 어떻게 기여하고 싶은지를 보여 주는 부분이다. 따라서 막연한 기대나 추상적인 목표보다는 구체적인 계획과 실천 의지를 보여 주는 것이 무엇보다 중요하다.

이 항목을 작성할 때 핵심은 단기적인 목표와 장기적인 비전을 제시하고, 나의 성장과 병원의 발전을 어떻게 연결할 것인지 구체적으로 설명하는 부분에 있다. 그러므로 단순히 배우겠다는 소극적인 자세보다는, 적극적으로 기여하고 성장하겠다는 의지를 보여 주는 것이 중요하다.

결론적으로 입사 후 단기적, 장기적인 목표를 구체적으로 제시하고, 자신의 역량과 경험을 바탕으로 병원에 어떻게 기여할지 명확하게 보여 주는 것이 핵심이다. 병원의 발전과 함께 성장하고 싶은 의지를 어필하는 것도 잊지 말자.

● 구체적인 목표를 꼭 제시하라 ▼ Q

단순히 '열심히 하겠다', '최선을 다하겠다'와 같은 추상적인 표현보다는 입사 후 단기적인 목표(1~3년)와 중장기적인 비전(5년 이상)을 '구체적으로' 설정하고, 이를 달성하기 위한 구체적인 계획 및 실천 방안을 제시해야 한다.

● 병원 기여에 대해 구체적으로 언급하라

당신의 성장 목표가 개인적인 발전에만 그치는 것이 아니라, 궁극적으로 병원의 발전과 환자들에게 어떤 '긍정적인' 영향을 미칠 수 있을지 구체적으로 연결하여 설명해야 한다.

● 병원의 비전 및 목표와의 연관성을 확인하라

입사 후 포부가 병원의 장기적인 비전 및 목표와 어떻게 부합하는지 연결하여 제시하면 더욱 좋은 인상을 줄 수 있다. 특히 지속적인 학습 의지를 강조하는 것이 좋다. 변화하는 의료 환경에 발맞춰 끊임없이 배우고 발전하려는 의지를 강조하고, 구체적인 학습 계획(예 : 전문 분야 자격증 취득, 관련 연구 참여, 학회 활동 등)을 제시하는 것이 효과적이다.

••• 작성 핵심 비법 

1. 단기적 목표

입사 후 1~3년 안에 이루고 싶은 구체적인 목표를 제시한다.(예 : 빠른 시간 안에 병원 시스템과 업무 프로세스를 숙지하고, 기본적인 간호 술기를 능숙하게 수행하는 등의 구체적 목표 제시.)

2. 장기적 비전

5년 또는 10년 후 내가 성장한 모습과 병원에 대한 기여를 구체적으로 그

　　　　　　　　　　　　　　Part.2　본격적인 병원 자소서 작성

려낸다.

(예 : 특정 분야의 전문 간호사로서 환자들에게 최상의 의료 서비스를 제공하고, 후배 간호사들을 위한 멘토 역할을 수행하는 등의 비전 제시.)

3. 학습 의지 강조

끊임없이 배우고 발전하려는 의지를 강조하고, 구체적인 학습 계획을 제시한다.

(예 : 관련 교육 프로그램 이수, 학회 활동 참여, 논문 연구 등)

4. 병원 기여도 언급

내가 갖추고 있는 역량과 목표가 병원의 발전과 환자들에게 어떤 긍정적인 영향을 미칠 수 있을지를 연결하여 설명한다.

5. 열정과 헌신 표현

간호사로서의 열정과 환자를 위한 헌신적인 마음을 진솔하게 표현한다.

••• 강조 포인트별 맞춤 예시

1. 단기 목표 및 학습 의지 강조

"입사 후 1년 이내에 귀 병원의 간호 시스템과 업무 프로세스를 완벽하게 숙지하고, 숙련된 선배님들의 지도를 받으며 기본적인 간호 술기를 능숙하게 수행하는 데 최선을 다하겠습니다. 또한 병원에서 제공하는 교육 프로그램에 적극적으로 참여하고, 관련 학회 및 세미나에 참석하여 전문 지식을 꾸준히 습득하며 성장하는 간호사가 되겠습니다."

2. 장기적 비전 강조

"5년 후에는 중환자실 전문 간호사로서 위급한 상황에서도 침착하게 대처하며 환자의 생명을 구하는 데 핵심적인 역할을 수행하고 싶습니다. 10년 후에는 축적된 경험과 전문성을 바탕으로 신규 간호사들의 멘토가 되어 실무 교육을 담당하고, 환자 안전 개선을 위한 프로토콜 개발에도 참여하여 귀 병원이 지역 최고의 의료기관으로 인정받는 데 기여하겠습니다."

3. 학습 의지 강조

"간호는 끊임없이 발전하는 분야이기에 평생 학습하는 자세를 유지하겠습니다. 입사 후에는 BLS, ACLS 자격증을 취득하고, 대한간호협회와 전문간호사회의 교육 프로그램에 정기적으로 참여하겠습니다. 또한 간호 관련 최신 연구 논문을 꾸준히 읽으며 근거에 기반한 간호를 실천하고, 향후 석사 과정 진학을 통해 더욱 전문적인 지식을 쌓아 나가겠습니다."

4. 병원 기여도 언급

"학교에서 배운 체계적인 간호 이론과 실습을 통해 익힌 꼼꼼한 관찰력, 그리고 팀워크를 중시하는 협력 정신을 바탕으로 귀 병원의 환자 만족도 향상에 기여하겠습니다. 특히 환자와의 소통 능력을 활용하여 환자의 불안감을 줄이고 치료 의지를 높이는 데 도움이 되겠으며, 동료 간호사들과의 원활한 협업을 통해 병동 전체의 간호 서비스 질 향상에 이바지하겠습니다."

　　　　　　　　　Part.2 본격적인 병원 자소서 작성

지금까지 병원 자소서의 핵심을 이루는 주요 항목을 작성하는 법에 대해 상세히 살펴보았다. 자소서 항목을 작성할 때는 분명 필수적이고 핵심적인 내용(문구)이 존재하지만, 가장 중요한 것은 지원하는 병원에 대한 진정성 있는 '관심'과 '이해'를 보이는 것이다.

그러므로 단순히 취업을 위한 수단이 아니라, 자소서 전체에서 이 병원에 대한 깊은 관심과 이해를 바탕으로 간호사로서 환자를 위하고, 또 병원과 동반 성장하고, 병원의 발전에 기여하고 싶다는 자신의 진심을 전달하는 것이 가장 중요하다.

이번 주제에서 살펴본 내용을 바탕으로 솔직하고 진솔하게 자신의 이야기와 간호사로서의 열정을 담아 자소서를 작성한다면, 분명 좋은 결과를 얻을 수 있으리라 확신한다.

임상병리사 자소서 작성

성장 과정

임상병리사 자기소개서에서 성장 과정은 지원자의 가치관, 인성, 그리고 직업윤리가 형성된 배경을 보여 주는 항목이다. 그러므로 단순히 연대기적인 사실 나열이 아니라, 자신의 가치관이나 특정 경험이 임상병리 직무에 필요한 역량과 어떻게 연결되는지 특화시켜 작성하는 것이 중요하다.

특히 성장 과정은 지원자가 현재의 '나'를 이루는 데 중요한 영향을 미친 경험과 그 속에서 배운 점을 중심으로 기술해야 한다. 임상병리사로서의 자질(꼼꼼함, 책임감, 윤리의식, 분석적 사고, 끈기 등)이 어떻게 길러졌는지를 설득력 있게 보여 주는 것이 핵심이다.

1. 핵심 키워드를 선정하라 : 나를 설명하는 가치관 또는 역량 기술

성장 과정을 시작하기 전에, 임상병리사로서 중요한 나의 핵심 가치관이나 역량 키워드를 한두 가지 선정한다. 이 키워드가 성장 과정 전체를 관통하는 주제가 되도록 구성하는 것이 좋다.

〈예시 키워드〉

- 정확성과 꼼꼼함 : 어린 시절부터 작은 것 하나도 놓치지 않는 습관.
- 책임감과 신뢰 : 맡은 일은 끝까지 완수하는 태도.
- 호기심과 탐구 정신 : 현상에 대한 끊임없는 질문과 해결 노력.
- 문제 해결 능력 : 어려움에 직면했을 때 좌절보다 해결책을 찾는 자세.
- 봉사 정신/이타심 : 타인에게 도움을 주는 것에 대한 보람.
- 배움의 자세/지속적인 성장 : 새로운 지식과 기술 습득에 대한 열정.

2. 구체적인 에피소드 선정 및 STAR 기법 활용

선정한 키워드를 가장 잘 보여 줄 수 있는 구체적인 에피소드를 한두 개 택해 STAR 기법으로 풀어낸다. 어릴 적 경험, 학창 시절 활동, 가족 분위기 등 어떤 것도 좋다.

S/Situation	상황 → 어떤 배경이었는지
T/Task	과제/목표 → 무엇을 해야 했는지
A/Action	행동 → 내가 어떤 행동을 했는지
R/Result	결과 및 배운 점 → 어떤 결과를 얻었고, 무엇을 배우고 느꼈는지, 그리고 이것이 현재의 '나'에게 어떤 영향을 미쳤는지 연결한다.

3. 임상병리 직무와의 연결성을 강조하라

이 부분이 가장 중요하다. 아무리 좋은 경험이라도 임상병리 직무와 연결되지 않으면 의미가 퇴색한다. 경험을 통해 배운 점이 임상병리사로서 어떤 강점이 되는지 명확하게 제시해야 한다.

••• 성장 과정 작성 예시 및 특화 전략

가. 정확성과 책임감을 강조하는 경우(키워드 : 정확성, 책임감)

S/상황	"어릴 적 저는 가족 신문 만들기를 특히 좋아했습니다. 단순히 글을 쓰는 것을 넘어, 모든 정보를 사실에 기반하여 정확하게 확인하는 것을 저의 역할로 여겼습니다."
T/과제	"가족 구성원들의 일주일 활동이나 사진 설명을 기재할 때, 혹시라도 잘못된 정보가 전달될까 염려되어 반드시 본인에게 재확인하는 과정을 거쳤습니다."
A/행동	"예를 들어, 작은 일과라도 '누가, 언제, 무엇을 했는지' 육하

   Part.2 본격적인 병원 자소서 작성

	원칙에 따라 상세히 기록하고, 사진 날짜와 내용이 일치하는지 여러 번 대조하며 오류를 찾아내는 데 집중했습니다. 덕분에 매주 발행되는 가족 신문은 가족들에게 '가장 신뢰할 수 있는 소식지'로 인정받았습니다."
R/결과 및 임상병리 연관성	"이러한 경험을 통해 저는 사소한 정보라도 정확하게 확인하는 꼼꼼함과 맡은 일에 대한 강한 책임감을 자연스럽게 체득할 수 있었습니다. 환자의 생명과 직결되는 검사 결과를 다루는 임상병리사에게 이처럼 '오차 없는 정확성'과 '결과에 대한 책임감'은 필수 역량이라고 생각합니다. 저의 이러한 성장 배경은 (지원하는 병원의 이름)의 임상병리사로서 가장 신뢰할 수 있는 검사 결과를 제공하는 데 큰 자양분이 될 것입니다."

나. 문제 해결 능력과 끈기를 강조하는 경우
(키워드 : 문제 해결, 끈기, 탐구심)

S/상황	"중학교 시절 방과 후 과학 동아리에서 식물 생장 실험을 진행했습니다. 예상치 못한 외부 요인으로 인해 식물 성장에 문제가 발생하여 실험이 난항에 부딪혔습니다."
T/과제	"다른 친구들이 실패를 예측하며 포기하려는 상황에서, 저는 원인을 찾아내고 실험을 성공적으로 이끌어야겠다는 목표를 세웠습니다."
A/행동	"저는 매일 방과 후 학교에 남아 흙의 pH, 수분 함량, 일조량 등 모든 변수를 기록하고 분석했습니다. 관련 서적과 논문을 찾아가며 자료를 비교 분석했고, 수차례의 시행착오 끝에 결국 흙에 포함된 특정 영양소의 부족이 문제의 원인임을 밝혀냈습니다. 이후 영양제를 조절하여 식물을 정상적으로 성장시킬 수 있었습니다."
R/결과 및 임상병리	"이 경험을 통해 저는 복잡한 문제에 직면했을 때 좌절하지 않고 끈기 있게 원인을 분석하여 해결책을 찾아내는 능력을

| 연관성 | 길렀습니다. 임상병리 현장에서는 때때로 비정상적인 검사 결과나 장비 오류 등 예상하지 못한 문제에 직면할 수 있다고 생각합니다. 저의 이러한 탐구심과 문제 해결 능력은 (병원명)에서 정확한 진단을 위한 숨겨진 원인을 밝혀내고, 효율적인 해결 방안을 모색하는 데 큰 강점이 될 것입니다." |

S/상황	"어릴 적부터 부모님을 따라 주말마다 보육원 봉사 활동을 다녔습니다. 특히 아이들의 눈높이에 맞춰 놀아 주고 이야기를 들어 주는 역할을 주로 맡았습니다."
T/과제	"낯선 환경에 긴장하거나 소극적인 아이들이 마음을 열고 즐거운 시간을 보낼 수 있도록 돕는 것이 저의 과제였습니다."
A/행동	"저는 아이들의 작은 표정 변화도 놓치지 않고 살피며, 그들의 이야기에 진심으로 귀 기울이고 공감해 주었습니다. 처음에는 다가오지 않던 아이들도 저의 꾸준한 관심과 진심 어린 소통에 점차 마음을 열고 활짝 웃는 모습을 보여 주었습니다. 또한 봉사 팀원들과도 아이들의 상황을 공유하며 원활한 소통을 통해 효율적인 봉사 활동을 이어 갔습니다."
R/결과 및 임상병리 연관성	"이 경험을 통해 저는 타인에 대한 깊은 이해와 공감 능력, 그리고 다양한 사람들과 원활하게 소통하는 법을 배웠습니다. 임상병리사는 비록 직접적인 대면은 적을지라도, 검체를 통해 환자의 상태를 이해하고 의료진과의 긴밀한 소통을 통해 정확한 진단에 기여해야 합니다. 저의 이러한 인간 중심적 태도와 소통 능력은 (병원명)에서 환자 중심의 의료 가치를 실현하고, 의료팀의 일원으로서 시너지를 창출하는 데 기여할 것입니다."

4. 성장 과정 작성 시 핵심 유의 사항

- **연대기적 나열 금지** : 단순한 사실 나열이 아닌, 특정 경험을 통한 가치관 형성 과정에 초점을 맞추어야 한다.
- **뻔한 이야기를 지양하라** : 너무 일반적인 '부모님의 가르침' 식의 내용은 피하고, 자신만의 특별한 에피소드를 찾아내라.
- **일관성 유지** : 성장 과정에서 제시한 가치관이나 역량이 자기소개서의 다른 항목과 일관성을 유지하도록 한다.
- **구체적인 내용** : 추상적인 표현보다는 구체적인 상황, 행동, 결과를 제시하여 설득력을 높여야 한다.
- **직무 연결** : 모든 내용은 결국 임상병리사로서의 역량이나 태도와 어떻게 연결되는지 명확하게 밝혀야 한다.

성장 과정은 지원자의 뿌리를 보여 주는 항목이라 할 수 있다. 그러므로 임상병리사로서 필요한 덕목들이 어떻게 형성되었는지를 진정성 있고 설득력 있게 전달하는 데 집중하자.

장점과 단점

성격의 장단점은 지원자가 자신을 얼마나 잘 이해하고 있는지, 그리고 그 성격이 직무 수행에 어떻게 긍정적 또는 부정적인 영향을 미칠지 보여 주는 항목이다. 임상병리 직무의 특성을 고려하여 솔직하면서도 전략적으로 작성하는 것이 중요하다.

1. 장점은 직무 역량과 연결된 강점을 부각하라

임상병리사에게 요구되는 핵심 역량과 연결하여 자신의 장점을 구체적인 사례와 함께 제시해야 한다.

〈임상병리사의 핵심 역량〉

- 꼼꼼함과 정확성 : 미세한 검체 분석, 오류 없는 결과 도출에 필수적이다.

- 책임감과 신뢰성 : 환자의 생명과 직결되는 업무이므로 결과에 대한 책임감이 중요하다.

- 분석적 사고력 : 비정상적인 결과나 문제 발생 시 원인을 파악하고 해결하는 능력.

- 인내심과 집중력 : 반복적인 검사 과정에서도 집중력을 유지하는 능력.

- 원활한 소통 능력 : 의료진, 환자, 동료와의 협업에 필요하다.

- 윤리 의식 : 환자 정보 보호 및 공정한 검사 수행에 중요하다.

2. 장점 유형별 작성 예시 및 전략

장점　　**꼼꼼함과 정확성**

1) 설명 : "저의 가장 큰 장점은 꼼꼼함과 정확성입니다. 작은 오차도 용

납하지 않는 성격으로, 한 번 시작한 일은 여러 번 확인하며 완벽을 추구합니다."

2) 예시 : "이는 대학 시절 미생물 배양 실습 시, 미세한 오염원까지 확인하고 모든 과정을 표준 절차에 따라 정확하게 수행하여 늘 최고 등급의 결과를 얻었던 경험을 통해 체감했습니다. 임상병리사로서 미세한 검체 분석과 데이터 입력 과정에서 이러한 꼼꼼함은 오류를 최소화하고, 환자에게 신뢰도 높은 진단 결과를 제공하는 데 결정적인 역할을 할 것이라 확신합니다."

장점 **문제 해결을 위한 분석적 사고**

1) 설명 : "저는 문제가 발생했을 때 당황하기보다 원인을 분석하고 해결책을 찾는 데 집중하는 편입니다."

2) 예시 : "임상화학 실습 중 특정 검사 장비에서 지속적으로 비정상적인 결과가 나왔을 때, 저는 단순히 재검사를 요청하기보다 장비의 매뉴얼을 다시 숙지하고, 시약의 유통기한과 보관 상태, 온도 등 다양한 변수를 체계적으로 점검했습니다. 그 결과 특정 시약의 미세한 변질이 문제의 원인임을 파악하고 해결하여, 해당 검사 파트의 오류율을 낮추는 데 기여했습니다. 이러한 저의 분석적 사고는 임상 현장의 돌발 상황에 유연하게 대처하며 정확한 진단을 돕는 데 큰 강점이 될 것입니다."

 강한 책임감과 끈기

1) 설명 : "한 번 맡은 일은 반드시 책임감을 가지고 완수하려는 강한 책
임감을 가지고 있습니다."

2) 예시 : "졸업 프로젝트로 희귀 질환 진단법을 연구할 당시, 반복되는
실패와 난관에 부딪혔습니다. 하지만 저는 포기하지 않고 밤샘 연구
를 이어갔고, 결국 데이터를 성공적으로 도출하여 만족스러운 결과
를 얻을 수 있었습니다. 환자의 건강과 직결되는 임상병리 업무에서
저의 이러한 책임감과 끈기는 어떤 어려움 속에서도 정확하고 신뢰
할 수 있는 검사 결과를 제공하는 원동력이 될 것이라 생각합니다."

3. 단점은 직무와 무관하거나 개선 의지가 보이는 것을 제시하라

단점은 솔직하되 직무 수행에 치명적이지 않은 것을 선택하고, 반드시
개선하기 위한 노력과 구체적인 방안을 함께 제시해야 한다. 나아가 단점
을 통해 오히려 긍정적인 면(자기 성찰 능력, 발전 가능성)을 보여 줄 기회로
삼아야 한다.

4. 단점 유형별 작성 예시 및 전략

 지나친 완벽주의(→ 융통성 부족)

1) 설명 : "저의 단점은 때때로 지나친 완벽주의로 인해 작은 부분에 몰두
하여 전체적인 시간 관리에 어려움을 겪을 때가 있다는 것입니다."

2) 개선 노력 : "하지만 임상병리사의 업무는 신속성도 중요함을 인지하고 있습니다. 이를 개선하기 위해 현재는 업무의 우선순위를 명확히 설정하고, 데드라인을 정해 스스로를 통제하는 연습을 하고 있습니다. 특히 실습 시에는 검사별 소요 시간을 예측하고 효율적인 동선을 계획하는 습관을 들이며, 정확성은 유지하되 신속하게 업무를 처리하는 연습을 했습니다. 입사 후에는 능숙한 시간 관리와 함께 동료들과의 협업 속에서 유연하게 대처하는 능력을 길러 효율적인 검사실 운영에 기여하겠습니다."

단점 새로운 환경에 대한 초기 조심성(→ 신중함)

1) 설명 : "새로운 환경이나 업무에 직면했을 때, 저는 초기에 다소 신중하고 조심스러운 경향이 있습니다."

2) 개선 노력 : "이는 익숙하지 않은 상황에서 실수를 줄이고자 하는 마음에서 비롯되지만, 때로는 과감한 시도를 주저하게 만들기도 했습니다. 이러한 단점을 보완하기 위해 적극적으로 질문하고 피드백을 요청하며 배우는 속도를 높이려 노력하고 있습니다. 특히 임상병리 업무는 정확성을 최우선으로 하되, 능동적인 학습을 통해 빠르게 적응하고 발전하는 것이 중요하다고 생각합니다. 입사 후에는 적극적인 자세로 배우고 소통하며, (병원명)의 검사 시스템에 빠르게 적응하여 신뢰받는 임상병리사로 성장하겠습니다."

단점　한 가지 일에 몰두하면 다른 주변을 살피지 못하는 경향

　　　　（→ 집중력의 양면성）

1) 설명 : "저는 한 가지 일에 집중하면 주변 상황을 놓치거나 다른 업무 요청을 바로 인지하지 못하는 경향이 있습니다."

2) 개선 노력 : "이는 높은 집중력이라는 장점이 되기도 하지만, 팀워크와 효율적인 소통이 중요한 검사실 환경에서는 개선이 필요하다고 느꼈습니다. 이를 위해 주기적으로 휴식을 취하며 환기하고, 동료들과 업무 상황을 공유하는 습관을 들이고 있습니다. 또한 멀티태스킹 능력을 향상시키기 위해 (구체적인 노력 기술. 예 : 시간 관리 앱 활용, 업무 목록 작성 등)을 실천하고 있습니다. 입사 후에는 저의 높은 집중력을 유지하되, 팀원들과의 원활한 소통을 통해 효율적인 검사실 운영에 적극 기여하겠습니다."

5. 장단점 작성 시 유의 사항

- **직무 연관성을 고려하라** : 장점은 직무 수행에 긍정적인 영향을, 단점은 직무 수행에 치명적이지 않은 것을 선택하고 반드시 개선 노력을 포함해야 한다.

- **구체적인 사례** : 추상적인 묘사보다는 실제 경험을 바탕으로 한 구체적인 사례를 제시하여 설득력을 높여야 한다.

- **솔직함과 진정성** : 억지로 없는 장점을 만들거나 단점을 숨기기보다, 자신의 모습을 있는 그대로 보여 주되 발전 가능성을 강조하라.

- 단점의 긍정적 전환 : 단점을 통해 오히려 자기 성찰 능력, 문제 인식 능력, 발전 의지를 보여 줄 수 있도록 작성하라.
- 간결하고 명확하게 : 핵심 내용을 명확하게 전달하며, 한 문장으로도 이해할 수 있도록 간결하게 작성하는 것이 좋다.

지원 동기

지원 동기는 지원자의 열정, 직무 이해도, 그리고 해당 병원(기관)에 대한 관심도를 가장 직접적으로 보여 주는 핵심 항목이다. 따라서 "열심히 하겠습니다"와 같은 추상적인 내용보다는, 왜 임상병리사가 되고 싶었는지, 왜 꼭 이 병원이어야 하는지, 그리고 임상병리사로서 어떤 기여를 하고 싶은지를 구체적이고 진정성 있게 담아내야 한다.

1. 임상병리 직무에 대한 본질적 이해와 열정을 드러내라

시작은 '왜 임상병리사인가?'여야 함을 기억하라. 단순히 안정적인 직업이라서가 아니라, '생명과 직결된 정확한 진단'이라는 임상병리사의 핵심 역할에 대한 깊은 이해와 사명감을 보여 주어야 한다.

특히 "환자의 생명과 직결되는 정확한 진단 검사야말로 의료의 시작점이라는 신념 아래, 임상병리사로서 보이지 않는 곳에서 환자의 건강에 기여하고자 합니다"와 같이 직무의 중요성을 인지하고 있음을 밝히는 것이 좋다.

아울러 의료 현장에서 임상병리사의 역할이 얼마나 중요한지, 특히 진단 검사 결과가 의료진의 정확한 치료 방향 설정에 결정적인 영향을 미친다는 점 등을 언급하며 자신의 직무 가치관을 드러내는 것이 좋다.

2. 흥미와 적성 발견의 계기를 구체화하라

'언제, 어떤 계기로' 임상병리사의 길을 걷게 되었는지 구체적인 경험을 제시하는 것이 중요하다.

❍예시 : "고등학교 시절, 생명과학 실험 중 현미경으로 세포를 관찰하며 미지의 세계를 탐구하는 것에 큰 매력을 느꼈습니다. 이후 임상병리사의 역할에 대해 심도 있게 조사하며, 미세한 검체 분석을 통해 환자의 질병을 진단하고 예방하는 핵심적인 역할을 한다는 것에 강한 흥미와 사명감을 갖게 되었습니다."

또한 실습 중 인상 깊었던 경험, 특정 질병 진단 과정에 대한 관심, 또는 과학 다큐멘터리 시청 등 개인적인 계기를 연결하여 진정성을 더할 수 있다.

3. 지원 병원(기관)에 대한 철저한 분석과 연결하라

'왜 꼭 이 병원인가?'에 대한 명확한 답이 있어야 한다. 따라서 지원 병원의 특성과 강점을 면밀히 분석하고, 자신의 역량과 가치관이 어떻게 부합하는지 연결하는 것이 중요하다.

● 병원 조사 포인트

1) 전문 진료 분야/특화된 검사

해당 병원이 특정 질환(예 : 암, 감염병)이나 검사(예 : 유전체 검사, 특수 면역 검사)에 강점을 가진다면, 이에 대한 자신의 관심과 기여 의지를 표현하라.

2) 연구 활동/최신 장비 도입

연구 중심 병원이거나 최신 검사 장비를 적극적으로 도입하는 곳이라면, 새로운 지식 습득 및 기술 활용에 대한 자신의 의지를 어필하라.

3) 환자 중심의 가치 및 사회 공헌 활동

병원의 미션이나 비전, 환자 중심 철학, 지역사회 공헌 활동 등이 있다면, 자신의 가치관과 연결하여 진정성을 더할 수 있다.

4) 뉴스 기사나 병원 홈페이지

병원의 최신 동향이나 성과를 찾아내 구체적으로 언급하면 좋다.

○ 예시 : "특히 (병원명)은 (특정 진료 분야/연구 성과/환자 중심 정책)에서 선도적인 역할을 하고 있음을 익히 알고 있습니다. (지원자 본인의 강점/관심사)를 가진 제가 (병원명)의 (특정 부서/목표)에 기여할 수 있을 것이라고 확신하여 지원하게 되었습니다."

5) 구체적인 병원명과 특징 언급

"국내 최고 수준의 암 전문 병원인 (병원명)에서 최첨단 유전체 진단 검사 기술을 배우고 싶습니다." 또는 "(병원명)의 환자 중심 의료 철학에 깊이 공감하며, 정확하고 빠른 검사 결과를 통해 환자 회복에 실질적으로 기여하고 싶습니다"와 같이 구체성을 더하라.

4. 자신의 역량과 강점을 병원의 요구 사항에 맞춰 연결하라

임상병리사에게 요구되는 핵심 역량(정확성, 꼼꼼함, 분석적 사고, 책임감, 윤리 의식, 문제 해결 능력, 소통 능력 등) 중 자신의 강점을 선택하여 제시한다. 이러한 강점이 해당 병원의 임상병리사로서 어떻게 발휘될 수 있을지 연결하는 것이 중요하다.

◆예시 : "대학 시절 수많은 실험과 실습을 통해 길러진 저의 (꼼꼼함과 분석력)은 (병원명)의 미세한 검체 분석 과정에서 오류를 최소화하고, 신뢰성 높은 결과를 도출하는 데 크게 기여할 수 있다고 생각합니다."

이때 단순히 "꼼꼼합니다"가 아니라, 그 꼼꼼함이 '오류 최소화'나 '신뢰성 높은 결과 도출'과 같이 병원에 어떤 긍정적인 영향을 미칠지 설명하는 것이 중요하다.

5. 입사 후 기여 포부를 간략히 언급하라

지원 동기 마지막 부분에 입사 후 어떤 임상병리사로 성장하고 싶으며, 병원에 어떤 기여를 할 것인지 간략하게 언급하여 연결성을 강화할 수 있다. 이는 입사 후 포부 항목과 중복되지 않도록 핵심만 전달하는 것이 좋다.

◆예시 : "(병원명)의 일원으로서 끊임없이 배우고 발전하며, 궁극적으로는 (병원명)의 진단 역량 강화와 환자 만족도 향상에 이바지하는 임상병리 전문가로 성장하고 싶습니다."

6. 지원 동기 작성 시 유의 사항

1) **진정성과 솔직함** : 꾸며내기보다는 자신의 실제 경험과 생각을 바탕으로 작성해야 면접에서도 일관성 있고 진정성 있는 모습을 보여 줄 수 있다.

2) **구체적인 사례 언급** : 추상적인 표현은 지양하고, 자신의 경험이나 병원 정보와 연결된 구체적인 사례를 들어 설명하라.

3) **간결하고 명확하게** : 핵심 내용을 명확하게 전달하며, 불필요한 미사여구는 쓰지 말자.

4) **복사 & 붙여넣기(복붙) 절대 금지** : 다른 병원에 제출했던 내용을 그대로 붙여 넣는 것은 절대 금물이다. 지원하는 병원마다 맞춤형으로 수정해야 한다.

7. 예시로 살펴보는 지원 동기 구성

"어릴 적부터 생명과 질병의 원리를 탐구하는 것에 깊은 흥미를 느꼈습니다. 특히 (구체적인 계기, 예 : 다큐멘터리 시청, 과학 실험 경험 등)를 통해 미세한 검체 안에 담긴 무수한 정보를 분석하여 환자의 질병을 진단하는 임상병리사의 역할에 매료되었습니다. 눈에 보이지 않는 곳에서 환자의 정확한 진단과 치료를 돕는 임상병리사의 사명감은 제가 추구하는 가치와 정확히 일치했습니다. 이러한 신념을 바탕으로 임상병리학을 전공하며, (특정 과목/실습 경험. 예 : 미생물학, 혈액학 실습 등)을 통해 전문 지식과 실무 역량을 키웠습니다. 특히 (본인의 강점. 예 : 꼼꼼한 성격, 분석적 사고 등)은 복잡한 검사 과정을 오류 없이 수행하고, 미세한 변화를 감지하는 데 큰 도움이 된다는 것을 실습 현장에서 체감할 수 있었습니다. (지원 병원명)은 (해당 병원의 특징. 예 : 국내 최고 수준의 암 전문 진단 역량, 최신 유전체 검사 도입, 환자 중심의 의료 서비스 등)으로 익히 명성이 높은 곳입니다. 특히 (구체적인 병원 관련 정보. 예 : 최근 발표된 OOO 연구 성과, 특정 질환 클리닉의 차별화된 진료 등)을 접하며, 선도적인 진단 기술과 연구 역량을 갖춘 이곳이야말로 제가 임상병리사로서 가장 크게 성장하고 기여할 수 있는 곳이라 확신했습니다. (병원명)의 임상병리사로서 저의 (본인의 역량. 예 : 정확성과 책임감, 문제 해결 능력)을 바탕으로 검사의 신뢰도를 높이고, 궁극적으로는 환자분들이 더 나은 의료 서비스를 경험하는 데 이바지하고 싶습니다. (병원명)의 비전과 함께 발전하는 임상병리 전문가가 되기 위해 끊임없이 배우고 노력하겠습니다."

이처럼 지원 동기는 지원자의 열정과 준비된 자세를 보여 주는 중요한 항목이다. 위에 제시된 예시를 참고하여 자신만의 진정성 있는 지원 동기를 완성하라.

경험

임상병리사 자기소개서에서 경험 항목은 지원자가 해당 직무를 수행할 수 있는 실제적인 역량을 갖추고 있음을 증명하는 가장 중요한 부분이다. 단순히 어떤 경험을 했는지 나열하는 것을 넘어, 그 경험을 통해 무엇을 배우고 어떻게 성장했는지를 임상병리 직무와 연결하여 구체적으로 보여 주는 것이 핵심이다.

1. 기본 원칙대로 작성하라

경험은 크게 실습 경험, 아르바이트/인턴 경험, 공모전/프로젝트/학술 활동, 동아리/봉사 활동 등으로 나눌 수 있다. 어떤 경험이든 임상병리 직무와 관련된 역량을 중심으로 기술해야 한다.

- **경험 작성의 기본 원칙** : 효과적인 경험 기술을 위해 STAR 기법을 활용하는 것이 좋다.

S/Situation	어떤 상황이었는지 배경을 설명한다.(언제, 어디서, 누구와)
T/Task	주어진 과제나 달성해야 할 목표가 무엇이었는지 명확히 제시한다.
A/Action	그 상황에서 목표를 달성하기 위해 '내가' 어떤 행동을 했는지 구체적으로 기술한다.(가장 중요!)
R/Result	나의 행동으로 어떤 결과가 있었는지 구체적인 성과를 제시한다.(수치화 가능한 결과면 더욱 좋다.)

경험을 통해 무엇을 배우고 느꼈는지, 그리고 배운 점이 임상병리사 직무에 어떻게 적용될 수 있는지를 반드시 연결하라.

2. 임상병리에 특화된 경험 작성 전략

어떤 유형의 경험이든 임상병리 직무에 필요한 역량(정확성, 분석력, 책임감, 문제 해결 능력, 소통 능력, 윤리의식, 꼼꼼함 등)과 연결시켜 설명하는 것이 중요하다.

1) 실습 경험

실습은 임상병리 전공자에게 가장 중요하고 직접적인 경험이다. 특정 검사 분야에서의 경험, 문제 해결 경험 등을 강조하라.

- **강조 포인트** : 실제 검사실 환경 적응력, 검사 지식 및 기술 습득, 정도 관리의 중요성 인지, 환자 검체에 대한 책임감, 의료진과의 간접적 소통 경험.
- **STAR 기법 적용 예**

S/상황	"대학병원 (특정 검사실. 예 : 진단검사의학과 혈액학 파트) 실습 당시, 매일 수십 건의 혈액 검체를 직접 처리하며 다양한 혈액 질환 슬라이드를 관찰했습니다."
T/과제	"주어진 과제는 신속하고 정확하게 혈액 도말 및 염색을 수행하고, 현미경으로 세포 형태를 분석하여 검사 결과를 정확하게 기록하는 것이었습니다."
A/행동	"저는 슬라이드 한 장 한 장을 가장 표준적인 방법으로 제작하고, 미세한 세포 형태 변화까지 놓치지 않기 위해 현미경 관찰 시 항상 두 번 이상 교차 확인하는 습관을 들였습니다. 또한 비정상 소견 발견 시에는 즉시 담당 임상병리사에게 보고하고, 질환별 특징에 대해 질문하며 능동적으로 학습했습

	니다. 특히 매일 아침 정도관리(QC) 과정에 참여하며 장비의 오차 범위를 확인하고, 오차 발생 시 원인을 파악하는 과정에 적극적으로 참여했습니다."
R/결과	"그 결과 실습 기간 동안 오류 없이 모든 검사를 수행했으며, 담당 지도 임상병리사로부터 '매우 꼼꼼하고 책임감이 강하다'는 평가를 받았습니다. 이 경험을 통해 정확한 진단이 환자의 생명에 미치는 영향과 정도관리의 중요성을 깊이 깨달았으며, 임상병리사에게 수반되는 높은 책임감을 실감할 수 있었습니다. 저는 향후 (병원명)에서 정확하고 신뢰성 높은 검사 결과를 제공하는 데 기여할 핵심 역량이 될 것입니다."

2) 아르바이트/인턴 경험(비전공 분야 포함)

직접적인 의료 경험이 아니더라도, 직무와 관련된 역량(서비스 마인드, 책임감, 문제 해결, 소통, 꼼꼼함 등)을 연결하여 기술할 수 있다.

- **강조 포인트** : 책임감, 고객 응대(환자 응대 역량으로 연결), 문제 해결, 팀워크, 꼼꼼한 서류 처리 등.
- **STAR 기법 적용 예**

S/상황	"약국 아르바이트 당시 매일 수백 건의 처방전을 분류하고, 약품 재고를 관리하는 업무를 맡았습니다."
T/과제	"저의 과제는 복잡한 처방전 정보를 오류 없이 정확하게 처리하고, 약품의 유효기간과 재고를 철저히 관리하여 약사의 업무 효율성을 높이는 것이었습니다."
A/행동	"저는 처방전 입력 시 더블 체크 시스템을 자체적으로 도입하고, 약품 재고를 선입선출 원칙에 따라 매일 확인했습니

| R/결과 | 다. 또한 환자분들이 약에 대해 문의할 경우, 약사님께 정확히 전달하고 답변을 받아 전달하는 등 원활한 소통 창구 역할을 했습니다." |

| R/결과 | "그 결과 아르바이트 기간 동안 단 한 건의 처방전 오류도 발생하지 않았으며, 약국 재고 관리의 효율성이 10% 이상 향상되었습니다. 이 경험을 통해 정확성과 꼼꼼함이 얼마나 중요한지를 다시 한 번 깨달았고, 체계적인 관리 능력과 환자 중심의 서비스 마인드를 함양할 수 있었습니다. 임상병리사로서 검체의 정확한 관리와 효율적인 검사 프로세스 구축에 이 경험을 적용하여 기여하겠습니다." |

3) 공모전/프로젝트/학술 활동

프로젝트나 공모전에서의 활동을 밝히는 것은 연구 능력, 분석력, 문제 해결 능력, 협업 능력을 보여 줄 수 있는 좋은 기회이다.

- **강조 포인트** : 가설 설정, 실험 설계, 데이터 분석, 결과 도출, 보고서 작성, 팀워크, 비판적 사고.

- **STAR 기법 적용 예**

S/상황	"임상병리학과 전공 심화 프로젝트에서 '새로운 감염병 진단 키트 개발'을 주제로 팀 프로젝트를 수행했습니다."
T/과제	"기존 진단 키트의 한계를 분석하고, 민감도와 특이도가 높은 새로운 진단 방식을 연구하여 프로토타입을 제시하는 것이 목표였습니다."
A/행동	"저는 문헌 조사를 통해 다양한 바이오마커를 탐색하고, 각 마커의 특성을 분석하여 최적의 조합을 찾아내는 역할을 맡

앉습니다. 특히 실험 과정에서 예상치 못한 오류가 발생했을 때, 저는 팀원들과 함께 데이터를 재분석하고 원인을 추론하며 해결책을 찾아냈습니다. 또한 주 1회 정기적인 스터디를 통해 팀원들과 의견을 교환하며 협업의 시너지를 극대화했습니다."

R/결과　"그 결과 저희 팀은 목표했던 민감도 95% 이상, 특이도 90% 이상의 진단 키트 프로토타입을 성공적으로 개발하여 '최우수 프로젝트상'을 수상했습니다. 이 경험을 통해 저는 복잡한 문제를 해결하기 위한 분석적 사고와 논리적 접근 능력을 기를 수 있었으며, 협업을 통한 시너지의 중요성을 깨달았습니다. (병원명)에서 새로운 진단 기술 도입이나 연구 프로젝트에 참여할 기회가 주어진다면, 저의 이러한 역량을 적극 활용하여 기여하겠습니다."

4) 동아리/봉사 활동(직무 외 경험)

꼭 직접적인 직무 경험이 아니더라도, 리더십, 소통, 책임감, 봉사 정신 등을 보여 줄 수 있다.

- **강조 포인트** : 협업 능력, 책임감, 희생정신, 공감 능력, 문제 해결 능력, 긍정적 태도.
- STAR 기법 적용 예

S/상황　"대학 시절, '○○○ 의료봉사 동아리'에서 팀원으로 활동하며 매월 지역 주민들을 위한 건강 상담 및 간단한 기초 검사 보조 활동을 진행했습니다."

T/과제　"저의 과제는 어르신들의 혈압, 혈당 측정 보조 및 기록을 담

| A/행동 | "정확한 측정을 위해 기기 사용법을 숙지하고, 어르신들의 긴장을 풀어 드리기 위해 경청하고 공감하는 태도로 소통했습니다. 또한 검사 결과를 차트화하여 의료진이 정확한 상담을 할 수 있도록 꼼꼼하게 기록했습니다. 특히 거동이 불편하신 어르신들을 위해 직접 찾아가 검사를 진행하는 등 적극적인 자세로 봉사에 임했습니다." |

당하고, 친절한 소통으로 검사에 대한 불안감을 해소하며 원활한 봉사 활동을 돕는 것이었습니다."

A/행동 "정확한 측정을 위해 기기 사용법을 숙지하고, 어르신들의 긴장을 풀어 드리기 위해 경청하고 공감하는 태도로 소통했습니다. 또한 검사 결과를 차트화하여 의료진이 정확한 상담을 할 수 있도록 꼼꼼하게 기록했습니다. 특히 거동이 불편하신 어르신들을 위해 직접 찾아가 검사를 진행하는 등 적극적인 자세로 봉사에 임했습니다."

R/결과 "저의 노력 덕분에 봉사 활동에 참여한 주민들의 만족도가 높아졌으며, 동아리 팀원들로부터 '가장 환자와 소통을 잘하는 팀원'이라는 평가를 받았습니다. 이 경험을 통해 환자 중심의 사고방식과 의료인으로서의 책임감을 기를 수 있었고, 다양한 사람들과의 원활한 소통 능력을 함양했습니다. 임상병리사로서 환자에게 정확한 검사뿐만 아니라 따뜻한 소통으로 신뢰를 주는 데 기여하겠습니다."

3. 경험 작성 시 유의 사항

● **핵심 역량 연결** : 모든 경험은 임상병리사로서의 필요한 역량(정확성, 꼼꼼함, 분석력, 책임감, 소통 등)과 연결시켜 설명해야 한다.

● **구체적인 내용 기술** : "무엇을Actio 했고, 어떤 결과를Result 얻었는지"를 육하원칙에 따라 구체적으로 작성하라. 막연한 설명은 금물이다.

● **수치화된 성과** : 가능한 한 수치나 객관적인 지표를 사용하여 성과를 명확히 제시하라.(예 : "오류율 5% 감소", "효율성 10% 향상", "만족도 90%")

- **'나'의 역할 강조** : 팀 프로젝트나 단체 활동이라도 '내가' 어떤 역할을 했고, '나'의 기여가 무엇이었는지를 명확히 표현하라.
- **배운 점 기술** : 경험을 통해 무엇을 배우고 성장했으며, 배운 점이 입사 후 병원(기관)에서 임상병리사로서 어떻게 기여할 수 있을지 언급하라.
- **직무와 무관한 경험의 재해석** : 직접적인 직무 경험이 아니더라도, 그 경험을 통해 얻은 역량을 임상병리 업무와 연결하여 설명하라.

입사 후 포부

입사 후 포부는 지원자가 단기적인 목표를 넘어 장기적으로 병원과 함께 어떻게 성장하고 기여할 것인지를 보여 주는 항목이다. 따라서 단순히 '열심히 하겠다'는 막연한 다짐이 아닌, 구체적인 계획과 비전을 제시하여 채용 담당자에게 신뢰감을 주어야 한다.

1. 단기 목표(1~3년)는 조직 적응 및 기본 역량 강화에 맞추라!

입사 초기의 목표는 병원 시스템에 빠르게 적응하고, 실무 역량을 다지는 데 집중한다는 점을 명확히 해야 한다.

- **핵심 키** 병원 시스템 및 업무 프로세스 숙지

"입사 후 1년 이내에는 병원의 전산 시스템, 검사 프로토콜, 정도관리QC 체계

등 기본적인 업무 프로세스를 완벽히 숙지하여, 어떤 검사든 능숙하고 정확하게 수행할 수 있는 임상병리사가 되겠습니다."

"각 검사실의 특성과 업무 흐름을 빠르게 파악하고, 숙련된 선배 임상병리사들의 노하우를 적극적으로 배우며 현장에 빠르게 적응할 것입니다."

● 핵심 키 기본 검사 역량의 정확성 및 숙련도 향상

"특히 (특정 검사 분야. 예 : 혈액학, 임상화학, 미생물 등)의 기본 검사들을 오차 없이 처리하고, 검사 결과의 신뢰도를 높이는 데 최선을 다하겠습니다. 정도관리의 중요성을 항상 인지하며 정확한 데이터 제공에 집중하겠습니다."

● 핵심 키 동료와의 협업 및 소통

"의료진 및 동료 임상병리사들과의 원활한 소통과 협업을 통해 팀워크를 강화하고, 효율적인 검사실 운영에 기여하겠습니다."

2. 중기 목표(3~5년)는 전문성 심화 및 문제 해결 능력 향상에 맞추라!

어느 정도 업무에 익숙해진 후에는 특정 분야의 전문성을 심화하고, 검사실 및 병원 발전에 기여할 수 있는 방안을 제시하는 것이 좋다.

● 핵심 키 특정 분야 전문성 심화 및 최신 지식 습득

"입사 3년 후에는 (지원 병원의 특화 분야 또는 본인의 관심 분야. 예 : 유전체 검사, 특수 면역 검사, 병원 감염 관리, 혈액은행 등)에 대한 전문성을 심화하기 위해 관

　　　　　　　　　　Part.2 본격적인 병원 자소서 작성

련 교육 프로그램에 적극 참여하고, 최신 학회 동향을 꾸준히 학습하겠습니다."

"새로운 검사 기법이나 장비 도입 시 선제적으로 학습하고 숙련하여 변화에 빠르게 적응하고, 동료들에게도 해당 지식을 공유하며 검사실 전체의 역량 향상에 기여하겠습니다."

● 핵심 키 **문제 해결 및 개선 방안 제시**

"일상적인 검사 업무 중 개선이 필요한 부분을 발견했을 때, 주도적으로 문제를 분석하고 효율적인 해결 방안을 모색하여 검사실의 생산성 향상에 기여하겠습니다."

"환자 만족도를 높이기 위한 검사 과정 개선이나, 오류율 감소를 위한 새로운 정도관리 방안 등을 제안하고 실행하는 데 적극 참여하겠습니다."

● 핵심 키 **선배로서의 역할**

"후배 임상병리사들에게 긍정적인 영향을 주는 멘토가 되어, 함께 성장하고 발전하는 데 기여하겠습니다."

3. 장기 목표(5년 이상)는 리더십 발휘 및 병원 기여, 미래 비전 제시에 맞추라!

궁극적으로 어떤 임상병리사로 성장하여 병원의 비전에 어떻게 기여할 것인지를 제시한다.

● 핵심 키 **리더십 발휘 및 검사실 발전 기여**

"입사 5년 이상 후에는 특정 검사 파트의 리더로서 검사 시스템의 효율성과 정확성을 극대화하고, 신뢰받는 검사 결과로 병원 경쟁력 강화에 이바지하고 싶습니다."

"급변하는 의료 환경에 발맞춰 새로운 검사 기술이나 인공지능 기반 분석 시스템 도입 등 미래 지향적인 검사실 발전에 적극적으로 참여하고, 혁신을 주도하는 임상병리사가 되겠습니다."

● 핵심 키 **연구 및 학술 활동 참여(선택 사항)**

"기회가 된다면 임상병리 관련 연구 활동이나 학술 발표에 참여하여, (병원명)의 진단 역량을 대외적으로 알리고 학술 발전에 기여하는 전문가가 되고 싶습니다."(특히 상급 종합병원이나 연구 중심 병원 지원 시 효과적.)

● 핵심 키 **환자 중심의 전문가**

"궁극적으로는 단순히 검체를 분석하는 것을 넘어 환자의 생명과 건강에 직접적으로 기여한다는 사명감을 잊지 않고, 정확하고 신속한 진단 검사로 환자 중심의 의료를 실현하는 (병원명)의 핵심 인재가 되겠습니다."

4. 입사 후 포부 작성 시 유의 사항

● **구체성 강화** : 막연한 표현("최선을 다하겠습니다", "열심히 배우겠습니다") 대신, "어떤 교육을 통해", "어떤 검사를 능숙하게" 등 구체적인 계획

을 제시하라.

- **실현 가능성** : 허황된 목표보다는 현실적으로 달성이 가능한 목표를 제시하여 신뢰감을 높여라.

- **병원과의 연결성** : 자신의 포부가 지원하는 병원의 비전이나 발전 방향과 어떻게 연결되는지 염두에 두고 작성하라.

- **직무 연관성** : 임상병리사로서의 역할에 초점을 맞춰 직무와 직접적으로 관련된 포부를 제시하라.

방사선사 자소서 작성

성장 과정

훌륭한 방사선사가 되기 위한 자기소개서의 '성장 과정'은 단순히 개인의 삶을 나열하는 것이 아니라, 직무에 필요한 역량과 가치관이 어떻게 형성되었는지를 보여 주는 중요한 부분이다. 그러므로 방사선사만의 특성을 고려하여 차별화된 성장 과정을 작성해야 한다.

1. 핵심 키워드와 가치관을 연결하라

먼저 자신을 가장 잘 나타내고, 방사선사 직무와 연결될 수 있는 핵심 키워드를 한두 개 선택하는 것이 좋다. 이 키워드는 성장 과정 전체의 주제가 된다.

- 정확성과 세심함 : 미세한 차이도 놓치지 않는 관찰력과 꼼꼼함.

- 첨단 기술에 대한 이해와 학습 의지 : 빠르게 발전하는 의료 기술에 대한 흥미와 적응력.

- 환자 중심의 공감 능력 : 환자의 불안감을 이해하고 안심시키는 태도.

- 책임감과 안전 의식 : 방사선 안전에 대한 철저한 관리와 직업윤리.

- 문제 해결 능력 : 검사 중 발생하는 변수나 오류에 대한 분석 및 대처 능력.

- 협업 능력 : 의료진과의 원활한 소통과 팀워크.

2. 구체적인 에피소드로 풀어 나가라 : STAR 기법 활용

다음으로 선정한 키워드를 가장 잘 보여 줄 수 있는 구체적인 에피소드를 한두 개 선정하여 STAR 기법으로 서술한다. 어린 시절 경험, 학창 시절 활동, 가족 분위기 등 어떤 것도 좋다.

S/Situation	상황 → 어떤 배경이었는지 구체적으로 설명한다.
T/Task	과제/목표 → 그 상황에서 달성해야 했던 목표나 과제가 무엇이었는지 제시한다.
A/Action	행동 → 그 목표를 달성하기 위해 '내가' 어떤 구체적인 행동을 했는지 서술한다.(가장 중요!)

R/Result	결과 및 배운 점 → 나의 행동으로 어떤 결과가 있었고, 그 경험을 통해 무엇을 배우고 느꼈는지, 그리고 이 배운 점이 현재의 '나'와 방사선사 직무에 어떻게 연결되는지를 강조한다.

3. 방사선사 직무와의 연결성을 명확히 하라

아무리 좋은 경험이라도 방사선사 직무와 연결되지 않으면 의미가 약해지기 마련이다. 따라서 경험을 통해 얻은 교훈이 방사선사로서 어떤 강점이 되는지를 명확하고 설득력 있게 제시해야 한다.

1) 정확성과 세심함을 강조하는 경우(키워드 : 정확성, 세심함, 관찰력)
- STAR 기법 적용 예

S/상황	"어릴 적 저는 퍼즐 맞추기를 유난히 좋아했습니다. 수천 조각의 퍼즐을 맞출 때마다 완성된 그림을 상상하며 작은 조각 하나하나에 집중했습니다."
T/과제	"아무리 복잡한 퍼즐이라도 단 하나의 오차도 없이 정확하게 완성하는 것을 저의 목표로 삼았습니다. 작은 조각 하나라도 제자리를 찾지 못하면 전체 그림이 틀어진다는 것을 직감했습니다."
A/행동	"저는 단순히 모양만 보고 맞추는 것을 넘어, 조각의 미세한 색감이나 무늬의 흐름까지 세밀하게 관찰하고 분석했습니다. 때로는 한 조각을 찾기 위해 몇 시간이고 끈기 있게 집중했고, 주변의 산만한 환경 속에서도 흐트러짐 없이 몰두했습니다. 이렇게 완성된 퍼즐을 볼 때마다 '정확함이 주는 완벽함'에 큰 보람을 느꼈습니다."

<table>
<tr><td>R/결과 및
방사선사
연관성</td><td>"이러한 경험을 통해 저는 어떤 상황에서도 미세한 부분까지 놓치지 않는 꼼꼼함과 높은 집중력, 그리고 정확성을 추구하는 습관을 길렀습니다. 방사선사는 환자의 정확한 진단을 위해 미세한 병변까지 파악하고, 최적의 영상을 얻기 위해 환자의 자세와 촬영 각도를 세심하게 조절해야 합니다. 저의 이러한 정확성과 세심함은 (지원 병원명)에서 오차 없는 영상 정보를 제공하여 환자 진료에 기여하는 핵심 역량이 될 것입니다."</td></tr>
</table>

2) 첨단 기술에 대한 흥미와 학습 의지를 강조하는 경우(키워드 : 학습 의지, 탐구심, 기술 적응력)

● STAR 기법 적용 예

<table>
<tr><td>S/상황</td><td>"고등학교 시절 IT 기기에 대한 관심이 남달라 새로운 전자 기기가 출시될 때마다 그 작동 원리와 기술적 특징을 탐구하는 것에 큰 즐거움을 느꼈습니다."</td></tr>
<tr><td>T/과제</td><td>"단순히 사용하는 것을 넘어, 첨단 기술이 어떻게 구현되고 발전하는지 그 원리를 이해하고 싶었습니다."</td></tr>
<tr><td>A/행동</td><td>"새로운 스마트폰의 카메라 센서 기술이나 인공지능 처리 방식 등 특정 기능에 대한 궁금증이 생기면, 관련 서적과 온라인 강의를 찾아 깊이 있게 학습했습니다. 직접 전자 기기를 분해하고 조립하며 내부 구조를 익히기도 했습니다. 이러한 탐구 활동은 저의 호기심을 충족시켜 줄 뿐만 아니라, 복잡한 시스템의 작동 원리를 빠르게 이해하는 능력을 길러 주었습니다."</td></tr>
</table>

R/결과 및 방사선사 연관성	"이 경험을 통해 저는 새로운 기술에 대한 깊은 이해와 빠른 학습 능력, 그리고 변화에 대한 긍정적인 수용 태도를 갖추게 되었습니다. 방사선 분야는 CT, MRI, PET-CT 등 첨단 장비의 발전이 매우 빠른 분야입니다. 저의 이러한 기술 탐구 정신과 학습 의지는 (병원명)에서 최신 방사선 장비의 원리를 빠르게 습득하고 능숙하게 활용하며, 변화하는 의료 환경에 선제적으로 대응하는 방사선사로 성장하는 데 기여할 것입니다."

3) 환자 중심의 공감 능력과 책임감을 강조하는 경우(키워드 : 공감 능력, 책임감, 안정감 제공)

• STAR 기법 적용 예

S/상황	"대학 시절 요양병원에서 주 1회 어르신들의 식사 보조 및 말벗 봉사 활동을 했습니다."
T/과제	"거동이 불편하시거나 인지 능력이 저하된 어르신들이 안심하고 편안하게 생활하실 수 있도록 돕는 것이 저의 과제였습니다."
A/행동	"어르신들의 불안감이나 불편함을 먼저 헤아리기 위해 눈을 맞추고 경청하는 연습을 했습니다. 식사를 도와드릴 때는 혹시라도 체하실까 틈틈이 불편한 점이 없는지 확인하고, 작은 움직임에도 세심하게 반응했습니다. 거동이 불편하신 어르신을 이송할 때도 안전 수칙을 철저히 지키고, '괜찮으세요?', '천천히 가요' 등의 따뜻한 말을 건네며 심리적인 안정감을 드리려 노력했습니다. 작은 부분이라도 제가 할 수 있

	는 역할을 다하며 어르신들의 미소를 볼 때 큰 보람을 느꼈습니다."
R/결과 및 방사선사 연관성	"이 경험을 통해 저는 타인의 입장에서 공감하고, 그들의 불편함을 최소화하기 위한 세심한 배려심을 기를 수 있었습니다. 방사선 검사는 환자에게 심리적 불안감이나 신체적 불편함을 줄 수 있습니다. 저의 이러한 환자 중심의 공감 능력과 철저한 안전 의식은 (병원명)에서 환자분들이 안심하고 검사를 받을 수 있도록 돕고, 정확한 검사 결과와 함께 편안함을 제공하는 방사선사가 되는 데 기여할 것입니다."

4. 성장 과정 작성 시 유의 사항

- **일관성 유지** : 성장 과정에서 제시한 가치관이나 역량이 자기소개서의 다른 항목(지원 동기, 장단점, 입사 후 포부)과 일관성을 유지하도록 한다.

- **뻔한 이야기는 지양하라** : 너무 일반적인 '부모님의 가르침'이나 '모범생 시절'과 같은 내용은 피하고, 자신만의 특별한 에피소드를 찾으라.

- **구체적인 내용으로 구성하라** : 추상적인 표현("성실했습니다")보다는 구체적인 상황, 나의 행동, 결과를 제시하여 설득력을 높여야 한다.

- **긍정적인 메시지** : 어려움을 겪었더라도 그것을 통해 무엇을 배우고 어떻게 성장했는지를 긍정적으로 마무리한다.

- **직무 연결** : 모든 내용은 결국 방사선사로서의 역량이나 태도와 어떻게 연결되는지 명확하게 밝혀야 한다.

장점과 단점

'성격의 장단점'은 지원자가 자신을 얼마나 잘 이해하고 있으며, 그 성격이 방사선사 직무 수행에 어떻게 긍정적 또는 부정적인 영향을 미칠 수 있는지 보여 주는 항목이다. 그러므로 방사선 직무의 특성을 고려하여 솔직하면서도 전략적으로 작성하는 것이 핵심이다.

1. 장점은 직무 역량과 연결시켜 부각하라

방사선사에게 요구되는 핵심 역량과 연결하여 자신의 장점을 구체적인 사례와 함께 제시해야 한다.

〈방사선사의 핵심 역량〉

- 정확성 및 세심함 : 미세한 영상 차이 파악, 오차 없는 촬영 및 기록.

- 안전 의식 및 책임감 : 방사선 안전 수칙 준수, 환자 및 본인 안전 확보.

- 환자 공감 및 소통 능력 : 환자의 불안감 경감, 검사 과정 명확히 설명.

- 문제 해결 능력 : 장비 오류, 비정상 영상 발생 시 원인 분석 및 대처.

- 첨단 기술 학습 의지 : 빠르게 발전하는 장비 및 소프트웨어 숙지.

- 차분함과 집중력 : 반복적인 업무 속에서도 흔들림 없는 집중력.

- 협업 능력 : 의사, 간호사 등 의료진과의 원활한 협력.

2. 장점 키워드 및 전략

장점 정확성과 세심함

1) 설명 : "저의 가장 큰 장점은 정확성과 세심함입니다. 어떤 일을 하든
지 작은 부분까지 놓치지 않으려 노력하며, 오차를 줄이는 데 집중
합니다."

2) 예시 : "이는 대학 시절 해부학 실습 시, 미세한 신경과 혈관까지 정
확하게 구분하고 기록했던 경험을 통해 길렀습니다. 방사선사는 환
자의 정확한 진단을 위해 미세한 병변까지 파악하고, 최적의 영상을
얻기 위해 환자 자세와 촬영 각도를 세밀하게 조절해야 합니다. 저
의 이러한 타고난 꼼꼼함과 세심함은 (병원명)에서 오차 없는 영상
정보를 제공하여 환자 진료의 질을 높이는 데 기여할 것입니다."

장점 환자 공감 및 소통 능력

1) 설명 : "저는 타인의 감정에 깊이 공감하고, 그들의 어려움을 헤아려
소통하는 능력이 뛰어납니다."

2) 예시 : "대학병원 실습 중 폐소공포증을 앓는 환자가 MRI 촬영을 극
도로 불안해하는 모습을 보였습니다. 저는 단순한 매뉴얼 설명에 그
치지 않고, 환자의 눈을 맞추며 검사 중 발생할 수 있는 소음과 상황
을 미리 알려 드리고, 중간중간 '괜찮으세요?'라고 묻는 등 심리적
안정을 제공하기 위해 노력했습니다. 그 결과 환자는 무사히 검사를

마칠 수 있었고, '덕분에 편안하게 검사받을 수 있었다'는 감사의 인사를 전했습니다. 방사선사는 차가운 기계로 환자를 대하는 것이 아니라, 검사 과정에서 불안해할 수 있는 환자의 마음을 이해하고 안심시키는 따뜻한 공감 능력이 필수적이라고 생각합니다. 저의 이러한 강점은 (병원명)에서 환자 중심의 의료 서비스를 실천하는 데 크게 기여할 것입니다."

장점　위기 상황에서의 침착한 문제 해결 능력

1) 설명 : "예기치 못한 상황이나 문제에 직면했을 때 당황하지 않고 침착하게 원인을 분석하여 해결책을 찾는 편입니다."

2) 예시 : "학교 방사선 장비 실습 중 갑작스러운 오류로 장비가 멈춘 적이 있었습니다. 대부분의 조원들이 당황했지만, 저는 곧바로 장비 매뉴얼을 찾아 오류 코드를 확인하고, 전원 점검 및 케이블 연결 상태 등 기본적인 사항부터 차분히 점검했습니다. 결국 단순한 전원 불안정 문제임을 파악하고 해결하여 실습을 재개할 수 있었습니다. 방사선 검사 현장에서도 장비 오류나 환자 상태 변화 등 예측 불가능한 상황이 발생할 수 있습니다. 저의 이러한 침착한 문제 해결 능력과 위기 대처 능력은 (병원명)에서 안전하고 효율적인 검사 환경을 유지하는 데 큰 도움이 될 것이라 확신합니다."

3. 단점은 직무에 치명적이지 않으며, 개선 의지가 보이는 것을 제시하라

단점은 솔직하되 방사선사 직무 수행에 치명적이지 않은 것을 선택하고, 반드시 개선하기 위한 노력과 구체적인 방안을 함께 제시해야 한다. 단점을 통해 오히려 긍정적인 면(자기 성찰 능력, 발전 가능성)을 보여 주는 기회로 삼아야 한다.

4. 단점 키워드 및 전략

단점 지나친 완벽주의(→ 신속성 저해 가능성)

1) 설명 : "저의 단점은 때때로 지나친 완벽주의로 인해 한 가지 일에 몰두하면 다른 업무의 속도가 더뎌질 수 있다는 것입니다."

2) 개선 노력 : "정확성을 최우선으로 여기는 방사선사에게 꼼꼼함은 필수지만, 검사 현장에서는 신속성 또한 중요함을 인지하고 있습니다. 이를 개선하기 위해 현재는 업무의 우선순위를 명확히 설정하고, 시간 관리 훈련을 통해 효율성을 높이는 연습을 하고 있습니다. 특히 실습 시에는 촬영 프로토콜을 미리 숙지하고, 환자 동선을 머릿속으로 시뮬레이션하며 정확성을 유지하되 신속하게 움직이는 습관을 들였습니다. 입사 후에는 주어진 시간 안에 최적의 영상을 얻기 위해 꾸준히 노력하며, 정확성과 신속성이라는 두 마리 토끼를 모두 잡는 방사선사로 성장하겠습니다."

 새로운 환경에 대한 초기 조심성(→ 신중함의 양면성)

1) 설명 : "저는 새로운 환경이나 업무에 직면했을 때, 초기에 다소 신중하고 조심스러운 경향이 있습니다."

2) 개선 노력 : "이는 실수를 줄이고자 하는 마음에서 비롯되지만, 때로는 새로운 시도를 주저하게 만들기도 했습니다. 이러한 단점을 보완하기 위해 적극적으로 질문하고 피드백을 요청하며 배우는 속도를 높이려 노력하고 있습니다. 특히 방사선 분야는 최신 장비와 기술이 빠르게 도입되므로, 변화에 대한 능동적인 학습 자세가 중요하다고 생각합니다. 입사 후에는 저의 신중함을 바탕으로 안전하고 정확하게 업무를 수행하되, 적극적인 배움의 자세로 빠르게 적응하여 능동적인 방사선사가 되겠습니다."

 과도한 책임감으로 혼자 해결하려는 경향(→ 협업의 중요성 인식)

1) 설명 : "한 번 맡은 일은 완벽하게 해내야 한다는 과도한 책임감 때문에 때로는 혼자 해결하려는 경향이 있습니다."

2) 개선 노력 : "물론 이는 강점이 될 수도 있지만, 의료 현장에서는 팀워크와 소통이 무엇보다 중요함을 인지하고 있습니다. 이러한 단점을 보완하기 위해 현재는 어려움에 직면했을 때 주저하지 않고 선배나 동료에게 조언을 구하고, 업무를 분담하는 연습을 하고 있습니다. 특히 실습 중에도 모르는 부분이 생기면 즉시 질문하고, 팀원들과 업무를 공유하며 효율성을 높였습니다. 입사 후에는 저의 책임감

을 바탕으로 업무에 임하되, 적극적인 소통과 협업을 통해 (병원명)
의 효율적인 진료 시스템에 기여하는 방사선사가 되겠습니다.”

5. 장단점 작성 시 유의 사항

- **직무 연관성** : 장점은 직무 수행에 긍정적인 영향을, 단점은 직무 수행에 치명적이지 않은 것을 선택하고 반드시 개선 노력을 포함해야 한다.
- **구체적인 사례** : 추상적인 묘사보다는 실제 경험을 바탕으로 한 구체적인 사례를 제시하여 설득력을 높여라.
- **솔직함과 진정성** : 억지로 없는 장점을 만들거나 단점을 숨기기보다, 자신의 모습을 있는 그대로 보여 주되 발전 가능성을 강조하라.
- **단점의 긍정적 전환** : 단점을 통해 오히려 자기 성찰 능력, 문제 인식 능력, 발전 의지를 보여 줄 수 있도록 작성하라.
- **간결하고 명확하게** : 핵심 내용을 명확하게 전달하며, 한 문단 내에서 장점과 단점 모두 설명하는 것이 일반적이다.

지원 동기

1. 방사선 직무에 대한 본질적인 이해와 열정을 드러내라

단순히 기술직이라는 생각보다는, ‘보이지 않는 질병을 밝혀 환자에게 정확한 진단을 제공하는 의료의 핵심 조력자’라는 방사선사의 사명감과

  강한 책임감과 끈기

1) 설명 : "한 번 맡은 일은 반드시 책임감을 가지고 완수하려는 강한 책
   임감을 가지고 있습니다."

2) 예시 : "졸업 프로젝트로 희귀 질환 진단법을 연구할 당시, 반복되는
   실패와 난관에 부딪혔습니다. 하지만 저는 포기하지 않고 밤샘 연구
   를 이어갔고, 결국 데이터를 성공적으로 도출하여 만족스러운 결과
   를 얻을 수 있었습니다. 환자의 건강과 직결되는 임상병리 업무에서
   저의 이러한 책임감과 끈기는 어떤 어려움 속에서도 정확하고 신뢰
   할 수 있는 검사 결과를 제공하는 원동력이 될 것이라 생각합니다."

3. 단점은 직무와 무관하거나 개선 의지가 보이는 것을 제시하라

단점은 솔직하되 직무 수행에 치명적이지 않은 것을 선택하고, 반드시
개선하기 위한 노력과 구체적인 방안을 함께 제시해야 한다. 나아가 단점
을 통해 오히려 긍정적인 면(자기 성찰 능력, 발전 가능성)을 보여 줄 기회로
삼아야 한다.

4. 단점 유형별 작성 예시 및 전략

  지나친 완벽주의(→ 융통성 부족)

1) 설명 : "저의 단점은 때때로 지나친 완벽주의로 인해 작은 부분에 몰두
   하여 전체적인 시간 관리에 어려움을 겪을 때가 있다는 것입니다."

2) 개선 노력 : "하지만 임상병리사의 업무는 신속성도 중요함을 인지하고 있습니다. 이를 개선하기 위해 현재는 업무의 우선순위를 명확히 설정하고, 데드라인을 정해 스스로를 통제하는 연습을 하고 있습니다. 특히 실습 시에는 검사별 소요 시간을 예측하고 효율적인 동선을 계획하는 습관을 들이며, 정확성은 유지하되 신속하게 업무를 처리하는 연습을 했습니다. 입사 후에는 능숙한 시간 관리와 함께 동료들과의 협업 속에서 유연하게 대처하는 능력을 길러 효율적인 검사실 운영에 기여하겠습니다."

단점　새로운 환경에 대한 초기 조심성(→ 신중함)

1) 설명 : "새로운 환경이나 업무에 직면했을 때, 저는 초기에 다소 신중하고 조심스러운 경향이 있습니다."

2) 개선 노력 : "이는 익숙하지 않은 상황에서 실수를 줄이고자 하는 마음에서 비롯되지만, 때로는 과감한 시도를 주저하게 만들기도 했습니다. 이러한 단점을 보완하기 위해 적극적으로 질문하고 피드백을 요청하며 배우는 속도를 높이려 노력하고 있습니다. 특히 임상병리 업무는 정확성을 최우선으로 하되, 능동적인 학습을 통해 빠르게 적응하고 발전하는 것이 중요하다고 생각합니다. 입사 후에는 적극적인 자세로 배우고 소통하며, (병원명)의 검사 시스템에 빠르게 적응하여 신뢰받는 임상병리사로 성장하겠습니다."

 한 가지 일에 몰두하면 다른 주변을 살피지 못하는 경향

(→ 집중력의 양면성)

1) 설명 : "저는 한 가지 일에 집중하면 주변 상황을 놓치거나 다른 업무 요청을 바로 인지하지 못하는 경향이 있습니다."

2) 개선 노력 : "이는 높은 집중력이라는 장점이 되기도 하지만, 팀워크와 효율적인 소통이 중요한 검사실 환경에서는 개선이 필요하다고 느꼈습니다. 이를 위해 주기적으로 휴식을 취하며 환기하고, 동료들과 업무 상황을 공유하는 습관을 들이고 있습니다. 또한 멀티태스킹 능력을 향상시키기 위해 (구체적인 노력 기술. 예 : 시간 관리 앱 활용, 업무 목록 작성 등)을 실천하고 있습니다. 입사 후에는 저의 높은 집중력을 유지하되, 팀원들과의 원활한 소통을 통해 효율적인 검사실 운영에 적극 기여하겠습니다."

5. 장단점 작성 시 유의 사항

- **직무 연관성을 고려하라** : 장점은 직무 수행에 긍정적인 영향을, 단점은 직무 수행에 치명적이지 않은 것을 선택하고 반드시 개선 노력을 포함해야 한다.

- **구체적인 사례** : 추상적인 묘사보다는 실제 경험을 바탕으로 한 구체적인 사례를 제시하여 설득력을 높여야 한다.

- **솔직함과 진정성** : 억지로 없는 장점을 만들거나 단점을 숨기기보다, 자신의 모습을 있는 그대로 보여 주되 발전 가능성을 강조하라.

- 단점의 긍정적 전환 : 단점을 통해 오히려 자기 성찰 능력, 문제 인식 능력, 발전 의지를 보여 줄 수 있도록 작성하라.
- 간결하고 명확하게 : 핵심 내용을 명확하게 전달하며, 한 문장으로도 이해할 수 있도록 간결하게 작성하는 것이 좋다.

지원 동기

지원 동기는 지원자의 열정, 직무 이해도, 그리고 해당 병원(기관)에 대한 관심도를 가장 직접적으로 보여 주는 핵심 항목이다. 따라서 "열심히 하겠습니다"와 같은 추상적인 내용보다는, 왜 임상병리사가 되고 싶었는지, 왜 꼭 이 병원이어야 하는지, 그리고 임상병리사로서 어떤 기여를 하고 싶은지를 구체적이고 진정성 있게 담아내야 한다.

1. 임상병리 직무에 대한 본질적 이해와 열정을 드러내라

시작은 '왜 임상병리사인가?'여야 함을 기억하라. 단순히 안정적인 직업이라서가 아니라, '생명과 직결된 정확한 진단'이라는 임상병리사의 핵심 역할에 대한 깊은 이해와 사명감을 보여 주어야 한다.

특히 "환자의 생명과 직결되는 정확한 진단 검사야말로 의료의 시작점이라는 신념 아래, 임상병리사로서 보이지 않는 곳에서 환자의 건강에 기여하고자 합니다"와 같이 직무의 중요성을 인지하고 있음을 밝히는 것이 좋다.

아울러 의료 현장에서 임상병리사의 역할이 얼마나 중요한지, 특히 진단 검사 결과가 의료진의 정확한 치료 방향 설정에 결정적인 영향을 미친다는 점 등을 언급하며 자신의 직무 가치관을 드러내는 것이 좋다.

2. 흥미와 적성 발견의 계기를 구체화하라

'언제, 어떤 계기로' 임상병리사의 길을 걷게 되었는지 구체적인 경험을 제시하는 것이 중요하다.

○예시 : "고등학교 시절, 생명과학 실험 중 현미경으로 세포를 관찰하며 미지의 세계를 탐구하는 것에 큰 매력을 느꼈습니다. 이후 임상병리사의 역할에 대해 심도 있게 조사하며, 미세한 검체 분석을 통해 환자의 질병을 진단하고 예방하는 핵심적인 역할을 한다는 것에 강한 흥미와 사명감을 갖게 되었습니다."

또한 실습 중 인상 깊었던 경험, 특정 질병 진단 과정에 대한 관심, 또는 과학 다큐멘터리 시청 등 개인적인 계기를 연결하여 진정성을 더할 수 있다.

3. 지원 병원(기관)에 대한 철저한 분석과 연결하라

'왜 꼭 이 병원인가?'에 대한 명확한 답이 있어야 한다. 따라서 지원 병원의 특성과 강점을 면밀히 분석하고, 자신의 역량과 가치관이 어떻게 부합하는지 연결하는 것이 중요하다.

Part.2 본격적인 병원 자소서 작성

1) 전문 진료 분야/특화된 검사

해당 병원이 특정 질환(예 : 암, 감염병)이나 검사(예 : 유전체 검사, 특수 면역 검사)에 강점을 가진다면, 이에 대한 자신의 관심과 기여 의지를 표현하라.

2) 연구 활동/최신 장비 도입

연구 중심 병원이거나 최신 검사 장비를 적극적으로 도입하는 곳이라면, 새로운 지식 습득 및 기술 활용에 대한 자신의 의지를 어필하라.

3) 환자 중심의 가치 및 사회 공헌 활동

병원의 미션이나 비전, 환자 중심 철학, 지역사회 공헌 활동 등이 있다면, 자신의 가치관과 연결하여 진정성을 더할 수 있다.

4) 뉴스 기사나 병원 홈페이지

병원의 최신 동향이나 성과를 찾아내 구체적으로 언급하면 좋다.

◐예시 : "특히 (병원명)은 (특정 진료 분야/연구 성과/환자 중심 정책)에서 선도적인 역할을 하고 있음을 익히 알고 있습니다. (지원자 본인의 강점/관심사)를 가진 제가 (병원명)의 (특정 부서/목표)에 기여할 수 있을 것이라고 확신하여 지원하게 되었습니다."

5) 구체적인 병원명과 특징 언급

"국내 최고 수준의 암 전문 병원인 (병원명)에서 최첨단 유전체 진단 검사 기술을 배우고 싶습니다." 또는 "(병원명)의 환자 중심 의료 철학에 깊이 공감하며, 정확하고 빠른 검사 결과를 통해 환자 회복에 실질적으로 기여하고 싶습니다"와 같이 구체성을 더하라.

4. 자신의 역량과 강점을 병원의 요구 사항에 맞춰 연결하라

임상병리사에게 요구되는 핵심 역량(정확성, 꼼꼼함, 분석적 사고, 책임감, 윤리 의식, 문제 해결 능력, 소통 능력 등) 중 자신의 강점을 선택하여 제시한다. 이러한 강점이 해당 병원의 임상병리사로서 어떻게 발휘될 수 있을지 연결하는 것이 중요하다.

◉예시 : "대학 시절 수많은 실험과 실습을 통해 길러진 저의 (꼼꼼함과 분석력)은 (병원명)의 미세한 검체 분석 과정에서 오류를 최소화하고, 신뢰성 높은 결과를 도출하는 데 크게 기여할 수 있다고 생각합니다."

이때 단순히 "꼼꼼합니다"가 아니라, 그 꼼꼼함이 '오류 최소화'나 '신뢰성 높은 결과 도출'과 같이 병원에 어떤 긍정적인 영향을 미칠지 설명하는 것이 중요하다.

5. 입사 후 기여 포부를 간략히 언급하라

지원 동기 마지막 부분에 입사 후 어떤 임상병리사로 성장하고 싶으며, 병원에 어떤 기여를 할 것인지 간략하게 언급하여 연결성을 강화할 수 있다. 이는 입사 후 포부 항목과 중복되지 않도록 핵심만 전달하는 것이 좋다.

◉예시 : "(병원명)의 일원으로서 끊임없이 배우고 발전하며, 궁극적으로는 (병원명)의 진단 역량 강화와 환자 만족도 향상에 이바지하는 임상병리 전문가로 성장하고 싶습니다."

6. 지원 동기 작성 시 유의 사항

1) **진정성과 솔직함** : 꾸며내기보다는 자신의 실제 경험과 생각을 바탕으로 작성해야 면접에서도 일관성 있고 진정성 있는 모습을 보여 줄 수 있다.

2) **구체적인 사례 언급** : 추상적인 표현은 지양하고, 자신의 경험이나 병원 정보와 연결된 구체적인 사례를 들어 설명하라.

3) **간결하고 명확하게** : 핵심 내용을 명확하게 전달하며, 불필요한 미사여구는 쓰지 말자.

4) **복사 & 붙여넣기(복붙) 절대 금지** : 다른 병원에 제출했던 내용을 그대로 붙여 넣는 것은 절대 금물이다. 지원하는 병원마다 맞춤형으로 수정해야 한다.

7. 예시로 살펴보는 지원 동기 구성

"어릴 적부터 생명과 질병의 원리를 탐구하는 것에 깊은 흥미를 느꼈습니다. 특히 (구체적인 계기, 예 : 다큐멘터리 시청, 과학 실험 경험 등)를 통해 미세한 검체 안에 담긴 무수한 정보를 분석하여 환자의 질병을 진단하는 임상병리사의 역할에 매료되었습니다. 눈에 보이지 않는 곳에서 환자의 정확한 진단과 치료를 돕는 임상병리사의 사명감은 제가 추구하는 가치와 정확히 일치했습니다. 이러한 신념을 바탕으로 임상병리학을 전공하며, (특정 과목/실습 경험. 예 : 미생물학, 혈액학 실습 등)을 통해 전문 지식과 실무 역량을 키웠습니다. 특히 (본인의 강점. 예 : 꼼꼼한 성격, 분석적 사고 등)은 복잡한 검사 과정을 오류 없이 수행하고, 미세한 변화를 감지하는 데 큰 도움이 된다는 것을 실습 현장에서 체감할 수 있었습니다. (지원 병원명)은 (해당 병원의 특징. 예 : 국내 최고 수준의 암 전문 진단 역량, 최신 유전체 검사 도입, 환자 중심의 의료 서비스 등)으로 익히 명성이 높은 곳입니다. 특히 (구체적인 병원 관련 정보. 예 : 최근 발표된 OOO 연구 성과, 특정 질환 클리닉의 차별화된 진료 등)을 접하며, 선도적인 진단 기술과 연구 역량을 갖춘 이곳이야말로 제가 임상병리사로서 가장 크게 성장하고 기여할 수 있는 곳이라 확신했습니다. (병원명)의 임상병리사로서 저의 (본인의 역량. 예 : 정확성과 책임감, 문제 해결 능력)을 바탕으로 검사의 신뢰도를 높이고, 궁극적으로는 환자분들이 더 나은 의료 서비스를 경험하는 데 이바지하고 싶습니다. (병원명)의 비전과 함께 발전하는 임상병리 전문가가 되기 위해 끊임없이 배우고 노력하겠습니다."

이처럼 지원 동기는 지원자의 열정과 준비된 자세를 보여 주는 중요한 항목이다. 위에 제시된 예시를 참고하여 자신만의 진정성 있는 지원 동기를 완성하라.

경험

임상병리사 자기소개서에서 경험 항목은 지원자가 해당 직무를 수행할 수 있는 실제적인 역량을 갖추고 있음을 증명하는 가장 중요한 부분이다. 단순히 어떤 경험을 했는지 나열하는 것을 넘어, 그 경험을 통해 무엇을 배우고 어떻게 성장했는지를 임상병리 직무와 연결하여 구체적으로 보여 주는 것이 핵심이다.

1. 기본 원칙대로 작성하라

경험은 크게 실습 경험, 아르바이트/인턴 경험, 공모전/프로젝트/학술 활동, 동아리/봉사 활동 등으로 나눌 수 있다. 어떤 경험이든 임상병리 직무와 관련된 역량을 중심으로 기술해야 한다.

- **경험 작성의 기본 원칙** : 효과적인 경험 기술을 위해 STAR 기법을 활용하는 것이 좋다.

S/Situation	어떤 상황이었는지 배경을 설명한다.(언제, 어디서, 누구와)
T/Task	주어진 과제나 달성해야 할 목표가 무엇이었는지 명확히 제시한다.
A/Action	그 상황에서 목표를 달성하기 위해 '내가' 어떤 행동을 했는지 구체적으로 기술한다.(가장 중요!)
R/Result	나의 행동으로 어떤 결과가 있었는지 구체적인 성과를 제시한다.(수치화 가능한 결과면 더욱 좋다.)

경험을 통해 무엇을 배우고 느꼈는지, 그리고 배운 점이 임상병리사 직무에 어떻게 적용될 수 있는지를 반드시 연결하라.

2. 임상병리에 특화된 경험 작성 전략

어떤 유형의 경험이든 임상병리 직무에 필요한 역량(정확성, 분석력, 책임감, 문제 해결 능력, 소통 능력, 윤리의식, 꼼꼼함 등)과 연결시켜 설명하는 것이 중요하다.

1) 실습 경험

실습은 임상병리 전공자에게 가장 중요하고 직접적인 경험이다. 특정 검사 분야에서의 경험, 문제 해결 경험 등을 강조하라.

- **강조 포인트** : 실제 검사실 환경 적응력, 검사 지식 및 기술 습득, 정도 관리의 중요성 인지, 환자 검체에 대한 책임감, 의료진과의 간접적 소통 경험.
- **STAR 기법 적용 예**

S/상황	"대학병원 (특정 검사실. 예 : 진단검사의학과 혈액학 파트) 실습 당시, 매일 수십 건의 혈액 검체를 직접 처리하며 다양한 혈액 질환 슬라이드를 관찰했습니다."
T/과제	"주어진 과제는 신속하고 정확하게 혈액 도말 및 염색을 수행하고, 현미경으로 세포 형태를 분석하여 검사 결과를 정확하게 기록하는 것이었습니다."
A/행동	"저는 슬라이드 한 장 한 장을 가장 표준적인 방법으로 제작하고, 미세한 세포 형태 변화까지 놓치지 않기 위해 현미경 관찰 시 항상 두 번 이상 교차 확인하는 습관을 들였습니다. 또한 비정상 소견 발견 시에는 즉시 담당 임상병리사에게 보고하고, 질환별 특징에 대해 질문하며 능동적으로 학습했습

      Part.2 본격적인 병원 자소서 작성

<table>
<tr><td>R/결과</td><td>니다. 특히 매일 아침 정도관리(QC) 과정에 참여하며 장비의 오차 범위를 확인하고, 오차 발생 시 원인을 파악하는 과정에 적극적으로 참여했습니다."

"그 결과 실습 기간 동안 오류 없이 모든 검사를 수행했으며, 담당 지도 임상병리사로부터 '매우 꼼꼼하고 책임감이 강하다'는 평가를 받았습니다. 이 경험을 통해 정확한 진단이 환자의 생명에 미치는 영향과 정도관리의 중요성을 깊이 깨달았으며, 임상병리사에게 수반되는 높은 책임감을 실감할 수 있었습니다. 저는 향후 (병원명)에서 정확하고 신뢰성 높은 검사 결과를 제공하는 데 기여할 핵심 역량이 될 것입니다."</td></tr>
</table>

2) 아르바이트/인턴 경험(비전공 분야 포함)

직접적인 의료 경험이 아니더라도, 직무와 관련된 역량(서비스 마인드, 책임감, 문제 해결, 소통, 꼼꼼함 등)을 연결하여 기술할 수 있다.

- **강조 포인트** : 책임감, 고객 응대(환자 응대 역량으로 연결), 문제 해결, 팀워크, 꼼꼼한 서류 처리 등.

- **STAR 기법 적용 예**

<table>
<tr><td>S/상황</td><td>"약국 아르바이트 당시 매일 수백 건의 처방전을 분류하고, 약품 재고를 관리하는 업무를 맡았습니다."</td></tr>
<tr><td>T/과제</td><td>"저의 과제는 복잡한 처방전 정보를 오류 없이 정확하게 처리하고, 약품의 유효기간과 재고를 철저히 관리하여 약사의 업무 효율성을 높이는 것이었습니다."</td></tr>
<tr><td>A/행동</td><td>"저는 처방전 입력 시 더블 체크 시스템을 자체적으로 도입하고, 약품 재고를 선입선출 원칙에 따라 매일 확인했습니</td></tr>
</table>

다. 또한 환자분들이 약에 대해 문의할 경우, 약사님께 정확
히 전달하고 답변을 받아 전달하는 등 원활한 소통 창구 역
할을 했습니다.”

R/결과	“그 결과 아르바이트 기간 동안 단 한 건의 처방전 오류도 발생하지 않았으며, 약국 재고 관리의 효율성이 10% 이상 향상되었습니다. 이 경험을 통해 정확성과 꼼꼼함이 얼마나 중요한지를 다시 한 번 깨달았고, 체계적인 관리 능력과 환자 중심의 서비스 마인드를 함양할 수 있었습니다. 임상병리사로서 검체의 정확한 관리와 효율적인 검사 프로세스 구축에 이 경험을 적용하여 기여하겠습니다.”

3) 공모전/프로젝트/학술 활동

프로젝트나 공모전에서의 활동을 밝히는 것은 연구 능력, 분석력, 문제 해결 능력, 협업 능력을 보여 줄 수 있는 좋은 기회이다.

- **강조 포인트** : 가설 설정, 실험 설계, 데이터 분석, 결과 도출, 보고서 작성, 팀워크, 비판적 사고.

- **STAR 기법 적용 예**

S/상황	“임상병리학과 전공 심화 프로젝트에서 ‘새로운 감염병 진단 키트 개발’을 주제로 팀 프로젝트를 수행했습니다.”
T/과제	“기존 진단 키트의 한계를 분석하고, 민감도와 특이도가 높은 새로운 진단 방식을 연구하여 프로토타입을 제시하는 것이 목표였습니다.”
A/행동	“저는 문헌 조사를 통해 다양한 바이오마커를 탐색하고, 각 마커의 특성을 분석하여 최적의 조합을 찾아내는 역할을 맡

았습니다. 특히 실험 과정에서 예상치 못한 오류가 발생했을 때, 저는 팀원들과 함께 데이터를 재분석하고 원인을 추론하며 해결책을 찾아냈습니다. 또한 주 1회 정기적인 스터디를 통해 팀원들과 의견을 교환하며 협업의 시너지를 극대화했습니다."

R/결과 "그 결과 저희 팀은 목표했던 민감도 95% 이상, 특이도 90% 이상의 진단 키트 프로토타입을 성공적으로 개발하여 '최우수 프로젝트상'을 수상했습니다. 이 경험을 통해 저는 복잡한 문제를 해결하기 위한 분석적 사고와 논리적 접근 능력을 기를 수 있었으며, 협업을 통한 시너지의 중요성을 깨달았습니다. (병원명)에서 새로운 진단 기술 도입이나 연구 프로젝트에 참여할 기회가 주어진다면, 저의 이러한 역량을 적극 활용하여 기여하겠습니다."

4) 동아리/봉사 활동(직무 외 경험)

꼭 직접적인 직무 경험이 아니더라도, 리더십, 소통, 책임감, 봉사 정신 등을 보여 줄 수 있다.

- **강조 포인트** : 협업 능력, 책임감, 희생정신, 공감 능력, 문제 해결 능력, 긍정적 태도.

- **STAR 기법 적용 예**

S/상황 "대학 시절, 'OOO 의료봉사 동아리'에서 팀원으로 활동하며 매월 지역 주민들을 위한 건강 상담 및 간단한 기초 검사 보조 활동을 진행했습니다."

T/과제 "저의 과제는 어르신들의 혈압, 혈당 측정 보조 및 기록을 담

| A/행동 | "정확한 측정을 위해 기기 사용법을 숙지하고, 어르신들의 긴장을 풀어 드리기 위해 경청하고 공감하는 태도로 소통했습니다. 또한 검사 결과를 차트화하여 의료진이 정확한 상담을 할 수 있도록 꼼꼼하게 기록했습니다. 특히 거동이 불편하신 어르신들을 위해 직접 찾아가 검사를 진행하는 등 적극적인 자세로 봉사에 임했습니다." |

당하고, 친절한 소통으로 검사에 대한 불안감을 해소하며 원활한 봉사 활동을 돕는 것이었습니다."

A/행동 "정확한 측정을 위해 기기 사용법을 숙지하고, 어르신들의 긴장을 풀어 드리기 위해 경청하고 공감하는 태도로 소통했습니다. 또한 검사 결과를 차트화하여 의료진이 정확한 상담을 할 수 있도록 꼼꼼하게 기록했습니다. 특히 거동이 불편하신 어르신들을 위해 직접 찾아가 검사를 진행하는 등 적극적인 자세로 봉사에 임했습니다."

R/결과 "저의 노력 덕분에 봉사 활동에 참여한 주민들의 만족도가 높아졌으며, 동아리 팀원들로부터 '가장 환자와 소통을 잘하는 팀원'이라는 평가를 받았습니다. 이 경험을 통해 환자 중심의 사고방식과 의료인으로서의 책임감을 기를 수 있었고, 다양한 사람들과의 원활한 소통 능력을 함양했습니다. 임상병리사로서 환자에게 정확한 검사뿐만 아니라 따뜻한 소통으로 신뢰를 주는 데 기여하겠습니다."

3. 경험 작성 시 유의 사항

- **핵심 역량 연결** : 모든 경험은 임상병리사로서의 필요한 역량(정확성, 꼼꼼함, 분석력, 책임감, 소통 등)과 연결시켜 설명해야 한다.

- **구체적인 내용 기술** : "무엇을Actio 했고, 어떤 결과를Result 얻었는지"를 육하원칙에 따라 구체적으로 작성하라. 막연한 설명은 금물이다.

- **수치화된 성과** : 가능한 한 수치나 객관적인 지표를 사용하여 성과를 명확히 제시하라.(예 : "오류율 5% 감소", "효율성 10% 향상", "만족도 90%")

- '나'의 역할 강조 : 팀 프로젝트나 단체 활동이라도 '내가' 어떤 역할을 했고, '나'의 기여가 무엇이었는지를 명확히 표현하라.
- 배운 점 기술 : 경험을 통해 무엇을 배우고 성장했으며, 배운 점이 입사 후 병원(기관)에서 임상병리사로서 어떻게 기여할 수 있을지 언급하라.
- 직무와 무관한 경험의 재해석 : 직접적인 직무 경험이 아니더라도, 그 경험을 통해 얻은 역량을 임상병리 업무와 연결하여 설명하라.

입사 후 포부

입사 후 포부는 지원자가 단기적인 목표를 넘어 장기적으로 병원과 함께 어떻게 성장하고 기여할 것인지를 보여 주는 항목이다. 따라서 단순히 '열심히 하겠다'는 막연한 다짐이 아닌, 구체적인 계획과 비전을 제시하여 채용 담당자에게 신뢰감을 주어야 한다.

1. 단기 목표(1~3년)는 조직 적응 및 기본 역량 강화에 맞추라!

입사 초기의 목표는 병원 시스템에 빠르게 적응하고, 실무 역량을 다지는 데 집중한다는 점을 명확히 해야 한다.

- 핵심 키 　병원 시스템 및 업무 프로세스 숙지

"입사 후 1년 이내에는 병원의 전산 시스템, 검사 프로토콜, 정도관리QC 체계

게 어떤 영향을 미쳤으며, 물리치료사 직무에 어떻게 연결되는지를 강조한다.

3. 물리치료 직무와의 연결성을 강조하라

이 항목이 가장 중요한 부분이다. 아무리 좋은 경험이라도 물리치료 직무와 연결되지 않으면 의미가 퇴색된다. 경험을 통해 배운 점이 물리치료사로서 어떤 강점이 되는지 명확하게 제시해야 한다.

••• 작성 예시 및 전략

1) 공감 능력과 긍정적 소통을 강조하는 경우
(키워드 : 공감, 소통, 긍정적 태도)

• STAR 기법 적용 예시

S/상황 "어릴 적 저는 동네 어르신들을 위한 봉사 활동에 부모님과 함께 참여하며, 손발이 되어 드리고 말벗이 되어 드리는 일을 자주 했습니다."

T/과제 "거동이 불편하시거나 외로움을 느끼시는 어르신들이 잠시나마 편안하고 행복하게 시간을 보내실 수 있도록 돕는 것이 저의 역할이자 목표였습니다."

A/행동 "저는 단순히 해야 할 일을 하는 것을 넘어, 어르신들의 작은 신음이나 표정 변화도 놓치지 않고 살피며 먼저 다가가 이야기를 걸었습니다. '오늘은 어디가 불편하세요?', '어떤 이야

기를 듣고 싶으세요?'와 같이 눈높이에 맞춰 경청했고, 힘든 상황에서도 유머를 섞어 긍정적인 에너지를 전달하려 노력했습니다. 작은 부분이라도 제가 할 수 있는 최선을 다하며 어르신들의 미소를 볼 때 큰 보람을 느꼈습니다."

| R/결과 및 물리치료 연관성 | "이러한 경험을 통해 저는 타인의 아픔에 깊이 공감하고, 진심 어린 소통으로 마음의 문을 여는 능력을 길렀습니다. 물리치료사는 단순히 신체적 기능을 회복시키는 것을 넘어, 환자의 심리적 고통까지 헤아려야 한다고 생각합니다. 저의 이러한 공감 능력과 긍정적인 소통 방식은 (지원 병원명)에서 환자분들과 신뢰를 구축하고, 재활 과정에 대한 동기를 부여하여 성공적인 치료를 이끄는 데 큰 강점이 될 것입니다." |

2) 끈기와 문제 해결 능력을 강조하는 경우 (키워드 : 끈기, 문제 해결, 탐구심)

• STAR 기법 적용 예시

S/상황	"고등학교 시절, 저는 난이도가 높은 수학 문제 풀이에 유독 흥미를 느꼈습니다. 아무리 복잡한 문제라도 스스로 답을 찾아내는 것에 큰 성취감을 느꼈습니다."
T/과제	"주어진 문제를 포기하지 않고 끝까지 파고들어 논리적인 해답을 찾아내는 것이 저의 목표였습니다."
A/행동	"저는 한 문제에 막히면 바로 해답을 보기보다, 다양한 접근 방식을 시도하고 여러 번 풀이를 반복했습니다. 때로는 밤늦게까지 관련 서적이나 인터넷 자료를 찾아보며 다른 사람들의 문제 해결 과정을 분석하고 저만의 방법을 찾아 적용했습니다. 이 과정에서 수많은 시행착오를 겪었지만, 결국 정답을 찾아냈을 때의 희열은 어떤 어려움도 이겨 낼 수 있는 끈기와 탐구심을 제게 안겨 주었습니다."

R/결과 및 물리치료 연관성	"이러한 경험을 통해 저는 복잡한 문제에 직면했을 때 좌절하지 않고 끈기 있게 원인을 분석하여 해결책을 찾아내는 능력을 길렀습니다. 물리치료 현장에서는 환자 개개인의 다양한 증상과 변수에 맞춰 최적의 치료 계획을 끊임없이 고민하고 수정해야 합니다. 저의 이러한 끈기 있는 문제 해결 능력과 탐구심은 (병원명)에서 환자분들의 복잡한 재활 과정을 성공적으로 이끌고, 맞춤형 치료를 제공하는 데 큰 강점이 될 것이라 확신합니다."

4. 성장 과정 작성 시 유의 사항

- **연대기적 나열 금지** : 단순한 사실 나열이 아닌, 특정 경험을 통한 가치관 형성 과정에 초점을 맞추라.

- **뻔한 이야기 지양** : '부모님의 가르침'처럼 너무 뻔한 내용은 피하고, 자신만의 특별한 에피소드를 기술하라.

- **일관성 유지** : 성장 과정에서 제시한 가치관이나 역량이 자기소개서의 다른 항목(지원 동기, 장단점, 입사 후 포부)과 일관성을 유지하도록 한다.

- **구체적인 내용** : 추상적인 표현("성실했습니다")보다는 구체적인 상황, 나의 행동, 결과를 제시하여 설득력을 높여야 한다.

- **직무 연결** : 모든 내용은 결국 물리치료사로서의 역량이나 태도와 어떻게 연결되는지 명확하게 밝혀야 한다.

장점과 단점

1. 장점은 직무 역량과 연결된 강점을 부각하라

물리치료사에게 요구되는 핵심 역량과 연결하여 자신의 장점을 구체적인 사례와 함께 제시해야 한다. 물리치료사로서의 핵심 역량은 아래와 같다.

- 공감 능력 및 소통 능력 : 환자의 통증과 불편함을 이해하고, 심리적 지지를 제공하며, 치료 과정을 명확히 설명.
- 끈기 및 인내심 : 장기간의 재활 과정에서 환자와 함께하며 동기를 부여.
- 정확성 및 관찰력 : 환자의 신체 움직임, 자세, 통증 양상 등을 세밀하게 관찰하고 정확히 평가.
- 책임감 및 윤리 의식 : 환자의 회복에 대한 책임감을 갖고, 직업윤리를 준수.
- 문제 해결 능력 : 환자별 맞춤형 치료 계획 수립 및 치료 중 발생하는 변수 대처.
- 긍정적 사고 : 환자에게 희망과 용기를 전달.
- 학습 의지 : 최신 치료 기법 및 지식 습득.

2. 장점 유형별 작성 예시 및 전략

장점 뛰어난 공감 능력과 경청의 자세

1) 설명 : "저의 가장 큰 장점은 타인의 감정에 깊이 공감하고, 진심으로 경청하는 자세입니다."

2) 예시 : "대학병원 실습 중 재활 의지가 약해진 어르신 환자분을 만났습니다. 저는 단순히 치료법을 설명하는 것을 넘어 환자분의 눈을 맞추고 불편함을 경청하며, 과거의 활기찬 생활에 대한 이야기를 함께 나누었습니다. 이를 통해 환자분께서는 심리적 안정감을 느끼고 점차 치료에 적극적으로 임해 주셨습니다. 물리치료사는 환자의 신체적 아픔뿐 아니라 심리적 고통까지 헤아려야 한다고 생각합니다. 저의 이러한 공감 능력과 경청의 자세는 (지원 병원명)에서 환자분들의 신뢰를 얻고, 성공적인 재활을 이끄는 데 큰 강점이 될 것입니다."

장점 **끈기와 문제 해결을 위한 탐구심**

1) 설명 : "저는 어떤 어려움에도 쉽게 포기하지 않고, 끈기 있게 해결책을 찾아내는 탐구심을 가지고 있습니다."

2) 예시 : "졸업 프로젝트로 만성 요통 환자를 위한 새로운 운동법을 연구할 당시, 초기 데이터가 예상과 달라 난항을 겪었습니다. 하지만 저는 좌절하기보다 관련 논문을 밤새 탐독하고, 교수님께 적극적으로 자문을 구하며 기존 운동법과의 차이점을 심층 분석했습니다. 그 결과 특정 근육군의 약화가 문제의 핵심임을 파악하고 운동법을 수정하여 유의미한 개선 효과를 입증할 수 있었습니다. 환자의 재활은 장기적인 끈기와 지속적인 문제 해결 과정의 연속입니다. 저의 이러

     Part.2 본격적인 병원 자소서 작성

한 끈기와 문제 해결을 위한 탐구심은 (병원명)에서 환자 개개인에게 최적화된 치료 계획을 수립하고, 회복 과정을 끝까지 함께하는 데 기여할 것입니다."

3. 단점은 직무에 치명적이지 않으며, 개선 의지가 보이도록 제시하라

단점은 솔직하되 물리치료사 직무 수행에 치명적이지 않은 것을 선택하라. 그리고 반드시 단점을 개선하기 위한 노력과 구체적인 방안을 함께 제시해야 한다. 단점을 통해 오히려 긍정적인 면(자기 성찰 능력, 발전 가능성)을 보여 줄 기회로 삼는 것이 좋다.

4. 단점 유형별 작성 예시 및 전략

단점　지나친 완벽주의(→ 시간 관리의 어려움 가능성)

1) 설명 : "저의 단점은 때때로 지나친 완벽주의로 인해 한 가지 일에 몰두하면 다른 업무의 속도가 더뎌질 수 있다는 것입니다."

2) 개선 노력 : "환자에게 최선을 다하려는 마음에서 비롯되지만, 때로는 한정된 시간 안에 여러 환자를 효율적으로 치료해야 하는 물리치료 현장에서는 개선이 필요함을 인지하고 있습니다. 이를 보완하기 위해 현재는 업무의 우선순위를 명확히 설정하고, 치료 계획 수립 시 시간 배분을 미리 구상하는 연습을 하고 있습니다. 또한 실습 시에는 주어진 시간 안에 치료 목표를 달성하되, 환자별 상황에 유

연하게 대처하는 능력을 기르는 데 집중했습니다. 입사 후에는 저의 완벽주의를 통해 치료의 질을 높이되, 효율적인 시간 관리로 더 많은 환자분들께 도움을 드리는 물리치료사가 되겠습니다."

단점 새로운 사람에게 다가가는 데 시간이 걸림(→ 신중함의 양면성)

1) 설명 : "저는 새로운 환경이나 사람들에게 처음 다가갈 때 다소 신중하고 조심스러운 경향이 있습니다."

2) 개선 노력 : "이는 상대방에게 부담을 주지 않으려는 마음에서 비롯되지만, 때로는 관계 형성에 시간이 걸릴 수 있습니다. 이러한 단점을 보완하기 위해 현재는 먼저 미소를 짓고, 상대방의 이야기에 적극적으로 귀 기울이며 공통점을 찾아 대화를 시작하려는 노력을 하고 있습니다. 특히 물리치료사는 환자와의 신뢰 형성이 매우 중요하다고 생각합니다. 입사 후에는 저의 신중함을 바탕으로 환자 개개인의 특성을 파악하되, 적극적이고 진심 어린 소통으로 빠르게 신뢰 관계를 구축하여 치료 효과를 극대화하는 물리치료사가 되겠습니다."

단점 환자의 아픔에 과도하게 공감하는 경향(→ 감정적 소모 관리)

1) 설명 : "저의 단점은 환자의 아픔에 깊이 공감하다 보니, 때로는 감정적으로 몰입하여 스스로 지치기도 한다는 것입니다."

2) 개선 노력 : "이는 환자 중심의 치료를 위한 중요한 강점이지만, 장기적인 관점에서 저의 에너지를 효과적으로 관리하는 것도 중요하다

     Part.2 본격적인 병원 자소서 작성

고 느꼈습니다. 이를 보완하기 위해 현재는 환자의 아픔을 이해하되, 저 자신을 돌보는 방법을 배우고 있습니다.(예 : 명상, 취미 활동 등) 또한 실습 중 힘들 때는 동료들과 경험을 공유하며 감정적으로 건강하게 대처하는 방법을 익혔습니다. 입사 후에는 환자에게 진심으로 다가가되, 전문가로서의 객관성과 긍정적인 에너지를 잃지 않고 꾸준히 환자 옆을 지키는 물리치료사가 되겠습니다."

5. 성격의 장단점 작성 시 유의 사항

- **직무 연관성** : 장점은 직무 수행에 긍정적인 영향을 주는 것으로 단점은 직무 수행에 치명적이지 않은 것으로 선택하고 반드시 개선 노력을 포함해야 한다.
- **구체적 사례** : 추상적인 묘사보다는 실제 경험을 바탕으로 한 구체적인 사례를 제시하여 설득력을 높여야 한다.
- **솔직함과 진정성** : 억지로 없는 장점을 만들거나 단점을 숨기기보다, 자신의 모습을 있는 그대로 보여 주되 발전 가능성을 강조하라.
- **단점의 긍정적 전환** : 단점을 통해 오히려 자기 성찰 능력, 문제 인식 능력, 발전 의지를 보여 줄 수 있도록 작성하라.
- **간결하고 명확하게** : 핵심 내용을 명확하게 전달하며, 한 문단 내에서 장점과 단점을 모두 설명하는 것이 일반적이다.

지원 동기

1. 물리치료 직무에 대한 본질적 이해와 열정을 드러내라

단순히 '기술직'이라는 생각보다는, '환자의 기능을 회복시켜 삶의 질을 향상시키는 의료의 핵심 조력자'라는 물리치료사의 사명감과 중요성을 인지하고 있음을 보여 주어야 한다. 따라서 '물리치료사는 무엇을 하는 존재인가?'부터 시작하는 것이 좋다.

예컨대, "환자분들의 고통을 경감시키고, 잃어버린 일상의 행복을 되찾아 드리는 물리치료사의 역할에 깊은 매력을 느꼈습니다. 특히 단순히 통증을 완화하는 것을 넘어 환자 스스로 움직이고 삶을 영위할 수 있도록 돕는 물리치료의 본질적인 가치에 강한 사명감을 느끼게 되었습니다"와 같이 직무의 가치를 높이 평가하고 있음을 밝히는 것이 좋다.

2. 흥미와 적성을 발견하게 된 계기를 구체화하라

언제, 어떤 계기로 물리치료사의 길을 걷게 되었는지 구체적인 경험을 제시하는 것도 좋은 방법이다. 예를 들어, "고등학교 시절 교통사고로 재활 치료를 받으셨던 가족의 회복 과정을 옆에서 지켜보며 물리치료사 선생님의 전문적인 치료와 따뜻한 격려가 환자분께 얼마나 큰 희망을 주는지 직접 경험했습니다. 그때 '움직임의 회복이 곧 삶의 회복'이라는 물리치료의 핵심 가치를 깨닫고 이 길을 걷기로 결심했습니다" 등 의료봉사 경험, 스포츠 활동 중 부상 경험, 노인 복지관 방문 등 개인적인 계기를 물

　　　　　　　　　　Part.2 본격적인 병원 자소서 작성

리치료사라는 직업과 연결하여 진정성을 더할 수 있습니다.

3. 지원 병원(기관)에 대해 철저히 분석하고 연결하라

'왜 꼭 이 병원에 지원하는가?'에 대한 명확한 답이 있어야 한다. 따라서 지원하는 병원의 특성과 강점(미션, 비전, 특화 진료 분야, 재활 프로그램, 연구 성과, 환자 중심 철학 등)을 면밀히 분석하고, 자신의 역량과 가치관이 어떻게 부합하는지 연결하는 것이 중요하다.

〈병원 분석 포인트〉

- 특정 재활 분야/센터 : 해당 병원이 특정 질환(예 : 뇌졸중 재활, 척추관절 재활, 스포츠 재활, 소아 재활)에 강점을 가진다면, 이에 대한 자신의 관심과 기여 의지를 표현하라.

- 최신 장비 도입/연구 활동 : 첨단 로봇 재활 장비 등을 적극적으로 도입하거나 활발한 연구 활동을 하는 곳이라면, 새로운 기술 습득과 활용에 대한 자신의 의지를 어필하라.

- 환자 중심 철학/사회 공헌 : 병원의 환자 중심 서비스, 지역사회 봉사 활동 등이 있다면, 자신의 가치관과 연결하여 지원 동기를 더욱 진정성 있게 작성하라.

- 병원 홈페이지, 뉴스 기사, 보도 자료 : 병원의 최신 동향이나 성과를 찾아내 구체적으로 언급하면 좋다.

  ○ 예시 : "특히 (병원명)은 (특정 재활 분야/재활 프로그램/환자 중심 정책)에서 선도적인 역할을 하고 있음을 익히 알고 있습니다. 저는 특히 (지원 병

원의 특징에 대한 본인의 구체적인 관심사. 예 : 최신 로봇 재활 시스템 도입, 환자 맞춤형 복합 재활 프로그램 운영 등)에 깊이 공감하며, 저의 (강점/역량)을 바탕으로 (병원명)의 (특정 목표/부서)에 기여하고 싶어 지원하게 되었습니다."

- 구체적인 병원명과 특징 언급 : "국내 최고 수준의 (뇌졸중, 척추관절 등) 재활 전문 병원인 (병원명)에서 첨단 재활치료 기법을 배우고 싶습니다" 또는 "(병원명)의 환자 중심 재활 철학에 깊이 공감하며, 환자의 일상 복귀를 돕는 데 실질적으로 기여하고 싶습니다"와 같이 구체성을 더하는 것 또한 중요하다.

4. 자신의 역량과 강점을 병원의 요구 사항에 맞춰 연결하라

직무 역량은 구체적으로 제시해야 한다. 물리치료사에게 요구되는 핵심 역량(공감 능력, 소통 능력, 끈기, 정확한 평가, 문제 해결, 긍정적 태도, 학습 의지 등) 중 자신의 강점을 선택하여 제시하면 된다. 그리고 이러한 강점이 해당 병원의 물리치료사로서 어떻게 발휘될 수 있을지 연결하면 안성맞춤이다.

◉예시 : "대학 시절 실습 중 (환자분들의 미세한 움직임을 관찰하고 기록했던 경험)이나 (재활 의지가 약한 환자분께 꾸준히 동기를 부여했던 경험)을 통해 길러진 저의 (정확한 관찰력과 긍정적인 소통 능력)은 (병원명)에서 환자분들의 신체적, 심리적 회복을 돕는 데 큰 도움이 될 것이라 생각합니다."

5. 입사 후 기여에 대한 포부를 간략히 언급하는 것도 좋다(선택 사항)

지원 동기 마지막 부분에 입사 후 어떤 물리치료사로 성장하고 싶으며, 병원에 어떤 기여를 할 것인지 간략하게 언급하여 연결성을 강화할 수 있다. 이는 입사 후 포부 항목과 중복되지 않도록 핵심만 전달하는 것이 좋다.

➕예시 : "(병원명)의 일원으로서 끊임없이 배우고 발전하며, 궁극적으로는 (병원명)의 재활 역량 강화와 환자 삶의 질 향상에 이바지하는 물리치료 전문가로 성장하고 싶습니다."

6. 지원 동기 작성 시 유의 사항

- **진정성과 솔직함** : 꾸며내기보다는 자신의 실제 경험과 생각을 바탕으로 작성해야 면접에서도 일관성 있고 진정성 있는 모습을 보여 줄 수 있다.

- **구체적인 경험** : 추상적인 표현("직무에 대한 열정")보다는 실제 경험(실습, 봉사, 개인 학습 등)을 바탕으로 구체적인 상황, 자신의 역할, 결과, 그리고 배운 점을 명확히 제시하라.

- **참신한 문구로 시작** : 자기소개서의 첫 문장은 채용 담당자의 시선을 사로잡을 수 있도록 흥미롭고 인상 깊게 작성하는 것이 좋다.

- **간결하고 명확하게** : 불필요한 미사여구를 줄이고, 핵심 내용을 간결하고 명확하게 전달하는 데 집중하라.

- **오타 및 비문 확인** : 제출 전 반드시 여러 번 검토하여 오타나 비문이 없는지 확인해야 한다.

경험

물리치료사 자기소개서에서 '경험' 항목은 지원자가 직무에 필요한 실제적인 역량을 갖추고 있음을 보여 주는 가장 중요한 부분이다. 단순히 어떤 경험을 했는지 나열하는 것을 넘어, 그 경험을 통해 무엇을 배우고 어떻게 성장했는지를 물리치료사 직무와 연결하여 구체적으로 보여 주는 것이 핵심이다.

1. 경험 작성의 기본 원칙 : STAR 기법을 활용하라

효과적인 경험 기술을 위해 STAR 기법을 활용하는 것이 좋다.

S/Situation	상황 → 어떤 상황이었는지 배경을 설명한다.(언제, 어디서, 누구와)
T/Task	과제/목표 → 주어진 과제나 달성해야 할 목표가 무엇이었는지 명확히 제시한다.
A/Action	행동 → 그 상황에서 목표 달성을 위해 '내가' 어떤 행동을 했는지 구체적으로 기술한다.(가장 중요하며, '나'의 역할을 명확히 하라!)
R/Result	결과 → 나의 행동으로 어떤 결과가 있었는지 구체적인 성과를 제시하라.(수치화가 가능한 결과면 더욱 금상첨화!)

2. 물리치료사에게 특화된 경험 작성 전략

어떤 유형의 경험이든 물리치료사 직무에 필요한 역량과 연결시켜 설명하는 것이 중요하다.

1) 실습 경험

물리치료 전공자에게 가장 중요하고 직접적인 경험이다. 특정 분야의
치료 경험, 환자 응대, 치료 계획 수립, 문제 해결 경험 등을 강조하라.

- **강조 포인트** : 실제 치료실 환경 적응력, 치료 기법과 장비 운용 숙련
  도, 환자별 맞춤 치료 능력, 환자 소통 및 동기 부여 능력, 의료진과의
  협업 경험.
- STAR 기법 적용 예시

S/상황	"대학병원 (특정 치료실. 예 : 신경계 재활치료실) 실습 당시, 뇌졸중으로 편마비가 있는 환자분들의 기능 회복 훈련을 보조했습니다."
T/과제	"주어진 과제는 환자분들의 신체 기능을 정확히 평가하고, 개개인의 특성에 맞는 운동을 지도하며, 환자분들이 지치지 않고 치료에 꾸준히 참여하도록 동기를 부여하는 것이었습니다."
A/행동	"저는 단순히 정해진 운동 동작을 지도하는 것을 넘어, 환자분들의 미세한 움직임 변화와 통증 양상을 세밀하게 관찰하고 기록했습니다. 특히 운동 중 쉽게 좌절하는 환자분께는 눈높이에 맞춰 작은 성과라도 칭찬하며 긍정적인 피드백을 제공했습니다. 치료 외 시간에는 환자분들이 좋아하는 음악을 함께 듣거나 가벼운 대화를 나누며 심리적인 지지를 아끼지 않았습니다. 또한 담당 물리치료사 선생님께 적극적으로 질문하고, 의사 및 간호사 선생님들과 환자 상태를 공유하며 다학제적 협업의 중요성을 배웠습니다."

R/결과 및 물리치료사 연관성	"그 결과 제가 담당했던 환자분 중 한 분은 처음보다 훨씬 개선된 보행 능력을 보여 주셨고, '선생님 덕분에 힘내서 치료받을 수 있었다'는 감사의 말씀을 해 주셨습니다. 이 경험을 통해 환자 개개인의 특성을 이해하고 공감하며 맞춤형 치료를 제공하는 능력과 환자의 치료 의지를 이끌어 내는 소통 능력의 중요성을 깊이 깨달았습니다. 이는 제가 향후 (병원명)에서 환자 중심의 전문 물리치료를 제공하여 성공적인 재활을 돕는 핵심 역량이 되는 바탕이 될 것입니다."

2) 아르바이트/인턴 경험 (비전공 분야 포함)

꼭 직접적인 의료 경험이 아니더라도, 직무와 관련된 역량(서비스 마인드, 책임감, 문제 해결, 소통, 꼼꼼함 등)을 연결하여 기술할 수 있다.

- **강조 포인트** : 고객 응대(환자 응대 역량으로 연결), 문제 해결, 팀워크, 꼼꼼한 정보 처리, 위기 대처 능력.
- STAR 기법 적용 예시

S/상황	"헬스장 안내 데스크에서 1년 동안 아르바이트를 하며 회원 등록, 이용 안내, 시설 관리 업무를 담당했습니다."
T/과제	"회원들의 문의에 친절하고 정확하게 응대하고, 다양한 요구 사항을 신속하게 해결하여 회원 만족도를 높이는 것이 저의 목표였습니다."
A/행동	"저는 회원들의 불편 사항을 접수할 때 먼저 경청하고 공감하는 태도를 보여 불만이 더 커지지 않도록 했습니다. 특히 기구 사용법 문의나 운동 자세 교정 요청 등 전문적인 영역

에 대해서는 담당 트레이너에게 정확히 내용을 전달하고 피드백을 받아 고객에게 설명했습니다. 또한 이용이 불편한 회원이 있을 경우 직접 동행하여 문제를 해결해 드리며 적극적으로 돕는 자세를 보였습니다."

| R/결과 및 물리치료사 연관성 | "그 결과 제가 근무하는 동안 회원 만족도 설문조사에서 서비스 만족도가 (수치화 가능한 결과. 예 : 5% 향상)되었습니다. 이 경험을 통해 환자 중심의 서비스 마인드와 친절한 소통 능력, 그리고 문제 발생 시 능동적으로 해결하는 능력을 길렀습니다. 물리치료사로서 환자분들이 편안하고 신뢰감을 느낄 수 있는 환경을 조성하고, 치료 중 발생하는 다양한 상황에 유연하게 대처하는 데 이러한 경험을 적극 활용하겠습니다." |

3) 공모전/프로젝트/학술 활동

- **강조 포인트** : 가설 설정, 데이터 분석, 실험 설계, 결과 도출, 보고서 작성, 팀워크, 비판적 사고, 연구 윤리.

- **STAR 기법 적용 예시**

S/상황	"물리치료학과 전공 심화 프로젝트에서 '고령층 낙상 예방을 위한 가상현실 기반 운동 프로그램 개발'을 주제로 팀 프로젝트를 수행했습니다."
T/과제	"기존 낙상 예방 운동의 한계를 분석하고, VR 기술을 접목하여 참여도와 효과성을 높인 새로운 운동 프로그램을 설계하고 그 효용성을 검증하는 것이 목표였습니다."
A/행동	"저는 팀 내에서 VR 운동 기기와 콘텐츠에 대한 시장 조사를 담당하고, 고령층의 신체적 특성을 고려하여 운동 난이도

와 동작을 설계하는 데 주도적인 역할을 했습니다. 특히 실험 과정에서 예상치 못한 참여율 저하 문제가 발생했을 때, 저는 팀원들과 함께 설문 조사를 통해 원인을 분석하고, 주 2회 참여 독려 캠페인을 기획하여 실행했습니다. 또한 주기적인 스터디를 통해 팀원들과 최신 재활 트렌드와 VR 기술 적용 방안에 대해 심도 깊게 토론하며 협업의 시너지를 극대화했습니다.”

R/결과 및 물리치료사 연관성

“그 결과 저희 팀은 목표했던 고령층 참여율(수치화 가능한 결과. 예 : 20% 이상)을 달성하고, 개발한 VR 운동 프로그램의 균형 능력 향상 효과를 유의미하게 입증하여 ‘최우수 프로젝트상’을 수상했습니다. 이 경험을 통해 저는 복잡한 문제를 해결하기 위한 분석적 사고와 논리적 접근 능력, 그리고 새로운 기술을 임상에 적용하려는 탐구심을 기를 수 있었습니다. (병원명)에서 새로운 재활 프로그램 개발이나 연구 프로젝트에 참여할 기회가 주어진다면, 저의 이러한 역량을 적극 활용하여 기여하겠습니다.”

3. 경험 항목 작성 시 유의 사항

- **핵심 역량 연결** : 모든 경험은 물리치료사로서의 필요한 역량(환자 공감, 소통, 정확한 평가, 문제 해결 등)과 연결시켜 설명하라.

- **구체적 내용** : 막연하게 쓰지 말고 “무엇을Action 했고, 어떤 결과를 Result 얻었는지”를 육하원칙에 따라 구체적으로 작성하라.

- **수치화된 성과** : 가능한 한 수치나 객관적인 지표를 사용하여 성과를 명확히 제시하라.(예 : “만족도 90% 달성”, “참여율 20% 증가”, “오류율 5%

   Part.2 본격적인 병원 자소서 작성

감소")

- **'나'의 역할 강조** : 팀 프로젝트나 단체 활동이라도 '내가' 어떤 역할을 했고, '나'의 기여가 무엇이었는지를 명확히 드러내라.
- **배운 점과 적용 의지** : 경험을 통해 무엇을 배우고 성장했으며, 그 배운 점이 입사 후 병원(기관)에서 물리치료사로서 어떻게 기여할 수 있을지 반드시 언급하자.
- **직무와 무관한 경험의 재해석** : 직접적인 직무 경험이 아니더라도, 그 경험을 통해 얻은 역량을 물리치료사 업무와 연결하여 설명하는 능력을 기재하라.

입사 후 포부

'입사 후 포부' 항목은 지원자가 병원과 함께 어떻게 성장하고, 환자들에게 어떤 긍정적인 영향을 줄지를 보여 주는 비전 제시 항목이다. 그러므로 단순히 "열심히 배우겠습니다"가 아닌, 구체적인 계획과 목표를 제시하여 채용 담당자에게 지원자의 직무 이해도와 발전 가능성을 효과적으로 어필해야 한다.

1. 단기 목표(입사 후 1~3년) : 기본 숙련 및 조직 적응에 집중하라!

입사 초기의 목표는 병원 시스템에 빠르게 적응하고, 기본적인 물리치료 기법 및 환자 응대 역량을 다지는 데 집중하겠다는 의지를 보여 주는 것이 중요하다.

● 핵심 키 병원 시스템 및 환자 관리 프로토콜 완벽 숙지

"입사 후 1년 이내에는 (지원 병원명)의 EMR(전자의무기록) 시스템, 물리치료 오더 체계, 환자별 치료 프로토콜 등 병원 고유의 시스템과 업무 흐름을 완벽히 숙지하겠습니다."

"각 치료실의 특성과 치료 기기 운용법을 빠르게 파악하고, 숙련된 선배 물리치료사들의 노하우를 적극적으로 배우며 현장에 빠르게 적응할 것입니다."

● 핵심 키 기본 치료 기법 숙련도 및 환자 소통 역량 강화

"근골격계, 신경계 등 기본적인 치료 기법들을 정확하고 효과적으로 수행하여 환자분들의 통증 경감 및 기능 회복에 기여하겠습니다."

"매 치료 시 환자의 불안감을 해소하고 치료에 대한 동기를 부여하기 위해 친밀한 소통과 공감을 통해 환자 중심의 치료를 제공하는 데 집중하겠습니다."

● 핵심 키 환자 안전 및 윤리 의식 함양

"환자 안전 수칙을 철저히 준수하고, 치료 과정에서 발생할 수 있는 위험 요소를 사전에 인지하여 안전한 치료 환경 조성에 기여하겠습니다. 또한 환자 정보 보호 등 직업윤리를 철저히 지키며 신뢰받는 물리치료사가 되겠습니다."

2. 중기 목표(입사 후 3~5년) : 전문성 심화 및 문제 해결 능력 향상에 집중하라!

어느 정도 업무에 익숙해진 후에는 특정 물리치료 분야의 전문성을 심화하고, 치료실 및 병원 발전에 기여할 수 있는 구체적인 방안을 제시한다.

● 핵심 키   특정 분야 전문성 심화 및 최신 지식 습득

"입사 3년 후에는 (지원 병원의 특화 분야 또는 본인의 관심 분야. 예 : 도수치료, 스포츠 재활, 노인 재활, 소아 재활 등)에 대한 전문성을 심화하기 위해 관련 학회 참여, 외부 교육 프로그램 이수, 전문 자격증 취득(예 : 보바스, PNF 등) 등 적극적인 자기개발을 통해 전문성을 강화하겠습니다."

"새로운 치료 기법이나 재활 장비 도입 시, 선제적으로 학습하고 능숙하게 활용하여 변화하는 의료 환경에 발 빠르게 적응하겠습니다."

● 핵심 키   환자별 맞춤 치료 및 문제 해결 기여

"개개인의 환자 상태와 회복 단계에 맞는 가장 효과적인 맞춤형 치료 계획을 수립하고, 치료 과정에서 발생하는 변수나 어려움을 분석하여 해결하는 데 집중하겠습니다."

"환자 만족도를 높이기 위한 치료 과정 개선이나, 효율적인 재활 프로그램 개발 등에 적극적으로 참여하고 제안하겠습니다."

3. 장기 목표(입사 후 5년 이상) : 리더십 발휘 및 병원 비전 기여에 집중하라!

궁극적으로 어떤 물리치료사로 성장하여 병원의 비전에 어떻게 기여할 것인지를 제시한다. 단순히 개인적인 성장뿐 아니라, 병원 전체의 발전과 환자 케어 향상에 초점을 맞추는 것이 관건이다.

● **핵심 키** 리더십 발휘 및 치료실 발전에 기여

"입사 5년 이상 후에는 특정 치료 파트의 리더로서 치료 시스템의 효율성과 치료의 질을 극대화하고, 최신 재활 트렌드를 반영한 새로운 치료 프로토콜 개발에 참여하여 병원의 재활 경쟁력 강화에 이바지하고 싶습니다."

"후배 물리치료사들에게 노하우를 전수하고 멘토링하며, 함께 성장하는 긍정적인 치료실 분위기 조성에 앞장서겠습니다."

● **핵심 키** 연구 및 학술 활동 참여(선택 사항)

"기회가 된다면 물리치료 관련 연구 활동이나 학술 발표에 참여하여, (병원명)의 재활 역량을 대외적으로 알리고 학술 발전에 기여하는 전문가가 되고 싶습니다."(특히 상급 종합병원이나 연구 중심 병원 지원 시 효과적임.)

● **핵심 키** 최고의 물리치료 전문가로서의 비전

"궁극적으로는 환자의 삶의 질 향상을 최우선으로 생각하는 '환자 중심 물리치료사'로서, 기능 회복을 넘어 환자분들이 다시 활기찬 일상을 되찾을 수 있도록 돕는 (병원명)의 핵심 인재가 되겠습니다. 끊임없이 배우고 발전하며 (병

원명)이 국내 최고의 재활 의료기관으로 자리매김하는 데 이바지하겠습니다.”

4. 입사 후 포부 항목 작성 시 유의 사항

- **구체성** : 막연한 표현(“최선을 다하겠습니다”, “열심히 배우겠습니다”) 대신, “어떤 교육을 통해”, “어떤 치료 기법을 능숙하게” 등 구체적인 계획과 행동을 제시하라.
- **실현 가능성** : 너무 허황된 목표보다는 현실적으로 달성 가능한 목표를 제시하여 신뢰감을 높여라.
- **병원과의 연결성** : 자신의 포부가 지원하는 병원의 비전이나 발전 방향과 어떻게 연결되는지 항상 염두에 두고 작성하라. 이때 병원의 특성과 강점을 언급하면 더욱 효과적이다.
- **직무 연관성** : 물리치료사로서의 역할에 초점을 맞춰 직무와 직접적으로 관련된 포부를 밝혀야 한다.
- **긍정적이고 적극적인 태도** : 새로운 지식을 습득하고 변화에 기여하려는 강한 의지를 보여 주는 것이 좋다.

작업치료사 자소서 작성

성장 과정

작업치료사 자기소개서에서 '성장 과정' 항목은 지원자의 가치관, 인성, 그리고 직업윤리가 어떻게 형성되었는지를 보여 주는 중요한 부분이다. 단순히 연대기적인 사실 나열이 아니라, 자신의 가치관이나 특정 경험이 작업치료 직무에 필요한 역량과 어떻게 연결되는지 '특화시켜' 작성하는 것이 중요하다.

1. 핵심 키워드부터 선정하라!

성장 과정을 시작하기 전에, 작업치료사로서 중요한 나의 핵심 가치관이나 역량 키워드를 한두 가지 선정한다. 이 키워드가 성장 과정 전체를 관통하는 주제가 되도록 구성하는 것이 좋다.

〈예시 키워드〉

- 환자 중심 사고 및 공감 : 타인의 어려움을 이해하고, 개개인의 삶을 존중하는 태도.
- 문제 해결 능력 및 창의성 : 주어진 한계 속에서 해결책을 찾고, 새로운 방법을 모색하는 능력.
- 끈기와 인내심 : 장기적인 재활 과정에서 환자와 함께하며 동기를 부여하는 능력.
- 긍정적 태도 : 어떤 상황에서도 긍정적인 에너지를 유지하고 전달하는 능력.
- 관찰력 및 분석력 : 환자의 미세한 행동 변화나 기능적 제한을 정확히 파악하는 능력.
- 자율성 존중 : 환자 스스로 선택하고 행동할 수 있도록 돕는 가치관.

2. 구체적인 에피소드를 선정하고 STAR 기법을 활용하라!

선정한 키워드를 가장 잘 보여 줄 수 있는 구체적인 에피소드를 한두 개 선택하여 STAR 기법으로 풀어낸다. 어릴 적 경험, 학창 시절 활동, 가족 분위기, 특별한 사건 등 어떤 것도 좋다.

S/Situation	상황 → 어떤 배경이었는지 구체적으로 설명하라.
T/Task)	과제/목표 → 그 상황에서 달성해야 했던 목표나 과제가 무엇이었는지 제시하라.
A/Action)	행동 → 그 목표를 달성하기 위해 '내가' 어떤 구체적인 행동을 했는지 서술하라.
R/Result	결과 및 배운 점 → 나의 행동으로 어떤 결과가 있었고, 무엇을 배우고 느꼈는지, 그리고 이것이 현재의 '나'에게 어떤 영향을 미쳤으며, 작업치료사 직무에 어떻게 연결되는지를 강조한다.

3. 작업치료 직무와의 연결성을 강조하라!

아무리 좋은 경험이라도 작업치료 직무와 연결되지 않으면 의미가 퇴색된다. 경험을 통해 배운 점이 작업치료사로서 어떤 강점이 되는지 명확하게 제시해야 한다.

••• 성장 과정 작성 예시 및 전략 ✕

1) 환자 중심 사고와 창의적 문제 해결 능력을 강조하는 경우
  (키워드 : 환자 중심 사고, 창의성, 문제 해결) ▾ 

• STAR 기법 적용 예시

S/상황   "어릴 적 저는 할머니 댁에서 팔을 다치신 할아버지의 불편한 일상을 보며 안타까움을 느꼈습니다."

     Part.2 본격적인 병원 자소서 작성

T/과제	"할아버지께서 팔을 편하게 사용하지 못해 옷을 입거나 식사하시는 데 어려움을 겪는 것을 보며, 어떻게 하면 할아버지의 일상생활을 조금이라도 편안하게 해 드릴 수 있을까 고민했습니다."
A/행동	"저는 할아버지의 제한된 팔 움직임을 면밀히 관찰한 후, 혼자서 옷을 입기 쉽도록 단추 대신 벨크로를 부착한 옷을 만들어 드렸습니다. 또한 식사 시 숟가락 잡는 것이 불편하시다는 말씀을 듣고, 숟가락 손잡이에 고무 밴드를 감아 손의 미끄러짐을 방지하고 잡기 편하도록 개조해 드렸습니다. 할아버지의 표정이 점차 밝아지는 것을 보며 '작은 변화가 한 사람의 삶에 얼마나 큰 영향을 미칠 수 있는가'를 직접 체감했습니다."
R/ 결과 및 작업치료 연관성	"이러한 경험을 통해 저는 타인의 불편함을 깊이 공감하고, 그들의 일상생활을 개선하기 위한 창의적인 해결책을 모색하는 능력을 길렀습니다. 작업치료사는 환자의 신체적, 인지적, 사회적 기능을 평가하고, 개개인의 삶에 필요한 '작업'을 통해 삶의 질을 향상시키는 역할을 합니다. 저의 이러한 환자 중심 사고와 창의적인 문제 해결 능력은 (지원 병원명)에서 환자분들의 자율성을 존중하고, 의미 있는 일상생활을 되찾아 드리는 데 큰 강점이 될 것입니다."

2) 끈기와 인내심, 그리고 작은 성취의 중요성을 강조하는 경우 (키워드 : 끈기, 인내심, 작은 성취)

• STAR 기법 적용 예시

| S/상황 | "초등학생 시절 저는 친구들과 함께 학교 뒤편의 가파른 등산로를 매주 오르는 활동을 했습니다. 처음에는 숨이 차고 힘들어서 포기하고 싶을 때가 많았습니다." |

T/과제	"매주 같은 길을 오르며 체력을 향상시키고, 포기하지 않고 끝까지 목표를 달성하는 끈기를 기르는 것이 저의 목표였습니다."
A/행동	"저는 매주 조금씩이라도 더 빨리, 더 힘차게 오르기 위해 노력했고, 힘들 때는 친구들과 서로 격려하며 함께 발을 맞췄습니다. 특히 눈앞의 정상만을 보기보다, '이번에는 저 나무까지 쉬지 않고 가 보자'와 같이 작은 목표를 설정하고 달성할 때마다 스스로를 칭찬하며 나아갔습니다. 점차 오르는 속도도 빨라지고, 힘든 구간에서도 미소를 잃지 않는 자신을 발견할 수 있었습니다."
R/ 결과 및 작업치료 연관성	"이러한 경험을 통해 저는 어떤 어려움에도 포기하지 않고 끈기 있게 도전하는 자세와 작은 성취가 모여 큰 목표를 이루는 인내심을 길렀습니다. 작업치료는 환자분들의 장기적인 재활 과정 속에서 작은 기능의 향상이 큰 의미를 가지는 직업입니다. 저의 이러한 끈기와 인내심, 그리고 작은 성취의 중요성을 아는 마음은 (병원명)에서 환자분들의 재활 과정을 끝까지 함께하며, 긍정적인 변화를 이끌어 내는 데 큰 강점이 될 것이라 확신합니다."

4. 성장 과정 작성 시 유의 사항

- **연대기적 나열 금지** : 단순한 사실 나열이 아닌, 특정 경험을 통한 가치관 형성 과정에 초점을 맞추라.

- **뻔한 이야기 지양** : 너무 일반적인 '부모님의 가르침' 식의 내용은 피하고, 자신만의 특별한 에피소드를 찾아내라.

- **일관성 유지** : 성장 과정에서 제시한 가치관이나 역량이 자기소개서의

다른 항목(지원 동기, 장단점, 입사 후 포부)과 일관성을 유지하도록 한다.

- **구체적인 내용** : 추상적인 표현("성실했습니다")보다는 구체적인 상황, 나의 행동, 결과를 제시하여 설득력을 높여라.
- **직무 연결** : 모든 내용은 결국 작업치료사로서의 역량이나 태도와 어떻게 연결되는지 명확하게 밝혀야 한다. 성장 과정은 지원자의 뿌리를 보여 주는 항목이다. 작업치료사로서 필요한 덕목들이 어떻게 형성되었는지를 진정성 있고 설득력 있게 전달하는 게 가장 중요하다.

장점과 단점

'성격의 장단점' 부분은 지원자가 자신을 얼마나 잘 이해하고 있으며, 그 성격이 작업치료 직무 수행에 어떻게 긍정적 또는 부정적인 영향을 미칠 수 있는지 보여 주는 중요한 항목이다.

1. 장점은 직무 역량과 연결된 강점을 부각하라!

작업치료사에게 요구되는 핵심 역량과 연결하여 자신의 장점을 구체적인 사례와 함께 제시해야 한다.

〈작업치료사의 핵심 역량〉

- 환자 중심 사고 및 공감 능력 : 환자의 삶과 어려움을 이해하고, 개개인의 가

치를 존중하는 태도.

- 창의적 문제 해결 능력 : 환자의 기능적 제한에 맞춰 새로운 활동이나 도구를 고안하는 능력.
- 끈기 및 인내심 : 장기적인 재활 과정에서 환자와 함께하며 동기를 부여하는 능력.
- 관찰력 및 분석력 : 환자의 미세한 기능적 변화, 환경적 요인 등을 정확히 파악하고 평가.
- 긍정적 태도 및 동기 부여 : 환자에게 희망과 용기를 전달하며 치료 참여를 유도.
- 소통 및 협업 능력 : 환자, 보호자, 타 의료진과의 원활한 의사소통 및 협력.
- 자율성 존중 : 환자 스스로 선택하고 결정하도록 돕는 가치관.

2. 장점 유형별 작성 예시 및 전략

장점　환자 중심의 공감 능력과 뛰어난 관찰력

1) 설명 : "저의 가장 큰 장점은 타인의 상황에 깊이 공감하고, 섬세한 관찰을 통해 그들의 필요를 파악하는 능력입니다."

2) 예시 : "대학병원 실습 중 뇌졸중으로 인한 상지 기능 저하로 식사 도구를 사용하기 어려워하시는 환자분을 만났습니다. 저는 단순히 치료 지시를 따르는 것을 넘어 환자분이 어떤 부분에서 가장 큰 불편함을 느끼시는지, 어떤 도구를 선호하시는지 수차례 대화하고 식사 과정을 면밀히 관찰했습니다. 그 결과 손목 고정 보조기와 가벼

운 손잡이가 달린 숟가락을 활용하여 환자분께서 스스로 식사하실 수 있도록 도왔습니다. 작업치료는 환자의 일상생활을 면밀히 살피고, 그들의 삶을 존중하며 문제를 해결하는 직업이라고 생각합니다. 저의 이러한 환자 중심의 공감 능력과 뛰어난 관찰력은 (지원 병원명)에서 환자분들의 의미 있는 삶을 되찾아 드리는 데 핵심적인 역할을 할 것입니다."

장점 창의적인 문제 해결 능력

1) 설명 : "저는 정해진 틀에 얽매이지 않고, 새로운 방법을 찾아 문제를 해결하는 창의적인 사고를 가지고 있습니다."

2) 예시 : "학교에서 진행한 '일상생활 동작 보조도구 개발' 프로젝트에서, 기존 보조도구들의 한계를 발견했습니다. 팀원들은 기존 방식 개선에 집중했지만, 저는 환자 개개인의 환경과 선호도를 고려한 맞춤형 보조도구의 필요성을 제안했습니다. 직접 다양한 재료와 디자인을 탐색하고, 3D 프린팅 기술을 활용하여 환자 손에 꼭 맞는 맞춤형 컵 홀더를 제작했습니다. 이 과정에서 여러 번의 시행착오를 겪었지만, 끊임없이 아이디어를 발전시킨 결과 실제 환자분들의 사용 만족도를 획기적으로 높인 시제품을 완성할 수 있었습니다. 작업치료사는 환자의 기능적 제한을 극복하고 독립적인 생활을 돕기 위해 끊임없이 새로운 방법을 고민하는 창의성이 필요합니다. 저의 이러한 강점은 (병원명)에서 환자 개개인에게 최적화된 맞춤 치료 솔루션

을 제공하는 데 기여할 것입니다."

3. 단점은 직무에 치명적이지 않고, 개선 의지가 보이는 데 집중하라!

단점은 솔직하되, 작업치료사 직무 수행에 치명적이지 않은 것을 선택하라. 그리고 반드시 개선하기 위한 노력과 구체적인 방안을 함께 제시해야 한다. 단점을 통해 오히려 긍정적인 면(자기 성찰 능력, 발전 가능성)을 보여 줄 기회로 삼아야 한다.

4. 단점 유형별 작성 예시 및 전략

단점　지나친 몰입(→ 다른 업무 고려의 어려움 가능성)

1) 설명 : "저의 단점은 한 가지 일에 지나치게 몰입하다 보면, 주변 상황이나 다른 업무를 놓칠 수 있다는 것입니다."

2) 개선 노력 : "환자에게 최선을 다하려는 마음에서 비롯되지만, 동시에 여러 환자를 관리하고 팀원들과 협업해야 하는 작업치료 현장에서는 개선이 필요함을 인지하고 있습니다. 이를 보완하기 위해 현재는 업무 시작 전 계획을 세우고, 중요한 사항은 메모하며 수시로 확인하는 습관을 들이고 있습니다. 또한 실습 시에는 치료 시간 중간중간 동료들의 업무 진행 상황을 확인하며 팀워크를 해치지 않으면서도 제 역할을 완수하는 연습을 했습니다. 입사 후에는 저의 집중력을 통해 치료의 질을 높이되, 효율적인 시간 관리와 동료들과의

적극적인 소통으로 병원의 전체적인 업무 효율성에도 기여하는 작업치료사가 되겠습니다."

단점　　새로운 방식 시도에 대한 초기 조심성(→ 신중함의 양면성)

1) 설명 : "저는 새로운 치료 기법이나 접근 방식에 대해 초기에 다소 신중하고 조심스러운 경향이 있습니다."

2) 개선 노력 : "이는 안전성과 정확성을 중요하게 생각하기 때문이지만, 때로는 새로운 시도에 대한 진입 장벽으로 작용할 수 있습니다. 이러한 단점을 보완하기 위해 현재는 관련 학술 자료나 논문을 적극적으로 찾아 학습하고, 경험이 많은 선배들에게 먼저 질문하며 새로운 지식을 습득하려는 노력을 하고 있습니다. 특히 작업치료는 환자 개개인의 특성에 맞춰 유연한 접근이 필요하므로, 다양한 치료법을 익히는 것이 중요하다고 생각합니다. 입사 후에는 저의 신중함을 바탕으로 안전하고 검증된 치료를 제공하되, 끊임없이 배우고 도전하는 자세로 최신 치료 트렌드를 습득하여 환자들에게 최적의 치료를 제공하는 작업치료사가 되겠습니다."

5. 성격의 장단점 작성 시 유의 사항

- **직무 연관성** : 장점은 직무 수행에 긍정적인 영향을, 단점은 직무 수행에 치명적이지 않은 것을 선택하고 반드시 개선 노력을 포함해야 한다.
- **구체적인 사례** : 추상적인 묘사보다는 실제 경험을 바탕으로 한 구체

적인 사례를 제시하여 설득력을 높이는 것이 중요하다.

- **솔직함과 진정성** : 억지로 없는 장점을 만들거나 단점을 숨기기보다, 자신의 모습을 있는 그대로 보여 주되 발전 가능성을 강조하라.
- **단점의 긍정적 전환** : 단점을 통해 오히려 자기 성찰 능력, 문제 인식 능력, 발전 의지를 보여 줄 수 있도록 작성해야 한다.
- **간결하고 명확하게** : 핵심 내용을 명확하게 전달하며, 한 문단 내에서 장점과 단점을 모두 설명하는 것이 일반적이다.

지원 동기

작업치료사 자기소개서에서 '지원 동기'는 지원자가 왜 작업치료사의 길을 선택했는지, 그리고 왜 이 병원(기관)에 지원하게 되었는지를 보여 주는 가장 중요한 항목이다. 단순히 직무에 대한 관심 나열을 넘어, 직무의 본질적 가치와 지원 병원의 특성을 연결하여 진정성 있는 열정과 구체적인 기여 의지를 보여 주는 것이 핵심이라 하겠다.

1. 작업치료 직무에 대한 본질적인 이해와 열정을 드러내라!

단순히 '재활 분야'에 관심 있다고 말하기보다, '환자 개개인의 의미 있는 삶의 작업을 통해 기능 회복을 넘어 삶의 질과 독립성을 되찾아주는 의료의 핵심 조력자'라는 작업치료사의 사명감과 중요성을 인지하고 있음을 보여 주도록 하자.

◐예시 : "환자분들이 잃어버린 일상 속 '작업'의 의미를 되찾고, 스스로 삶을 영위할 수 있도록 돕는 작업치료사의 역할에 깊은 매력을 느꼈습니다. 특히 단순한 기능 회복을 넘어 환자 개개인의 삶을 존중하고, 그들이 진정으로 원하는 활동을 통해 독립적인 삶을 되찾도록 돕는 작업치료의 본질적인 가치에 강한 사명감을 느끼게 되었습니다"와 같이 직무의 가치를 높이 평가하고 있음을 밝히는 것이 좋다.

2. 흥미와 적성을 발견하게 된 계기를 구체화하라!

언제, 어떤 계기로 작업치료사의 길을 걷게 되었는지 구체적인 경험을 제시하는 것이 중요하다. 이는 진정성을 더하는 중요한 요소이다.

◐예시 : "고등학교 시절 치매를 앓으시던 할머니께서 혼자 옷을 입는 것조차 어려워하시는 모습을 보며 안타까움을 느꼈습니다. 그때 작업치료사의 도움으로 할머니께서 벨크로가 달린 옷을 입으시며 작은 성취감을 느끼셨던 경험을 통해, 개인의 일상에 직접적인 도움을 주며 삶의 의미를 되찾아 주는 작업치료의 힘에 깊은 감명을 받아 이 길을 걷기로 결심했습니다."

아울러 의료봉사 경험, 보조 공학기기 제작 경험, 아동 발달 센터 방문 등 개인적인 계기를 작업치료사라는 직업과 연결하여 진정성을 더할 수 있다.

3. 지원 병원(기관)에 대한 철저한 분석과 연결하라!

'왜 꼭 이 병원인가?'에 대한 명확한 답이 있어야 한다. 자신이 지원하는 병원의 특성과 강점(미션, 비전, 특화 진료/재활 분야, 최신 프로그램, 연구 성과, 환자 중심 철학 등)을 면밀히 분석하고, 자신의 역량과 가치관이 어떻게 부합하는지 연결하는 것이 중요하다. 이는 병원에 대한 관심과 이해도를 보여 주는 부분이다.

〈병원 분석 핵심 포인트〉

- 특정 재활 분야/센터 : 해당 병원이 특정 질환(예 : 신경계 재활, 소아 재활, 수부 재활, 인지 재활)에 강점을 가진다면, 이에 대한 자신의 관심과 기여 의지를 표현하라.

- 최신 장비/프로그램 도입/연구 활동 : 첨단 로봇 재활 장비, VR/AR 기반 치료 프로그램 등을 적극적으로 도입하거나 활발한 연구 활동을 하는 곳이라면, 새로운 기술 습득 및 활용에 대한 자신의 의지를 어필하는 것이 좋다.

- 환자 중심 철학/사회 공헌 : 병원의 환자 중심 서비스, 지역사회 봉사 활동, 가족 중심 치료 철학 등이 있다면, 자신의 가치관과 연결하여 지원 동기를 더욱 진정성 있게 만드는 것이 중요하다.

- 정보 출처 : 병원 홈페이지, 뉴스 기사, 보도 자료, 학술 발표 등을 통해 병원의 최신 동향이나 성과를 찾아내 구체적으로 언급하면 좋다.

- ↪예시 : "특히 (병원명)은 (특정 재활 분야. 예 : 신경계 재활 전문성)과 (환자 중심 재활 프로그램. 예 : 일대일 맞춤형 일상생활 활동 훈련)에 있어 선도적인 역할을 하

고 있음을 익히 알고 있습니다. 저는 특히 (지원 병원의 특징에 대한 본인의 구체적인 관심사. 예 : 최신 인지 재활 프로그램 도입, 환자 자율성 존중을 위한 환경 조성 노력 등)에 깊이 공감하며, 저의 (강점/역량)을 바탕으로 (병원명)의 (특정 목표/부서)에 기여하고 싶어 지원하게 되었습니다.”

4. 자신의 역량과 강점을 병원의 요구 사항에 맞춰 연결하라!

작업치료사에게 요구되는 핵심 역량(공감 능력, 창의성, 끈기, 관찰력, 소통 능력 등) 중 자신의 강점을 선택하여 제시한다. 또한 이러한 강점이 해당 병원의 작업치료사로서 어떻게 발휘될 수 있을지 구체적으로 연결하는 것이 중요하다.

◐예시 : “대학 시절 실습 중 (환자분들의 미세한 기능적 제한을 관찰하고 맞춤형 활동을 제안했던 경험)이나 (재활 의지가 약한 환자분께 새로운 취미 활동을 제시하여 동기를 부여했던 경험)을 통해 길러진 저의 (정확한 관찰력과 창의적인 문제 해결 능력)은 (병원명)에서 환자분들의 신체적, 인지적, 사회적 회복을 돕는 데 큰 도움이 될 것이라 생각합니다.”

이때 단순히 “친절합니다”가 아니라, 그 친절함이 ‘환자의 치료 의지를 이끌어 내는 데’ 혹은 ‘치료 효과를 높이는 데’ 어떤 긍정적인 영향을 미칠지 설명하는 것이 중요하다.

5. 입사 후 포부에 대해 간략히 언급하는 것도 좋다(선택 사항)

지원 동기 마지막 부분에 입사 후 어떤 작업치료사로 성장하고 싶으며,

병원에 어떤 기여를 할지 간략하게 언급하여 연결성을 강화할 수 있다. 이는 입사 후 포부 항목과 중복되지 않도록 핵심만 전달하는 것이 좋다.

⊕예시 : "(병원명)의 일원으로서 끊임없이 배우고 발전하며, 궁극적으로는 (병원명)의 재활 역량 강화와 환자의 삶의 질 향상에 이바지하는 작업치료 전문가로 성장하고 싶습니다."

6. 지원 동기 작성 시 유의 사항

- **진정성과 솔직함** : 꾸며내기보다는 자신의 실제 경험과 생각을 바탕으로 작성해야 면접에서도 일관성 있고 진정성 있는 모습을 보여 줄 수 있다.
- **구체적인 경험** : 추상적인 표현("직무에 대한 열정")보다는 실제 경험(실습, 봉사, 개인 학습 등)을 바탕으로 구체적인 상황, 자신의 역할, 결과, 그리고 배운 점을 명확히 제시하라.
- **참신한 문구로 시작** : 자기소개서의 첫 문장은 채용 담당자의 시선을 사로잡을 수 있도록 흥미롭고 인상 깊게 작성하는 것이 좋다.

경험

'경험' 항목은 지원자가 직무에 필요한 실제적인 역량을 갖추고 있음을 보여 주는 가장 중요한 부분이다. 단지 어떤 경험을 했는지 나열하는 것을 넘어, 그 경험을 통해 무엇을 배우고 어떻게 성장했는지를 작업치료사 직무와 연결하여 구체적으로 보여 주는 것이 핵심이다.

1. 경험 작성의 기본 원칙을 활용하라!

효과적인 경험 기술을 위해 아래의 STAR 기법을 활용하자.

S/Situation	상황 → 어떤 상황이었는지 배경을 설명한다.(언제, 어디서, 누구와)
T/Task	과제/목표 → 주어진 과제나 달성해야 할 목표가 무엇이었는지 명확히 제시한다.
A/Action	행동 → 그 상황에서 목표 달성을 위해 '내가' 어떤 구체적인 행동을 했는지 구체적으로 기술한다.(가장 중요하며, '나'의 역할을 명확히 한다.)
R/Result	결과 → 나의 행동으로 어떤 결과가 있었는지 구체적인 성과를 제시합니다.(수치화가 가능한 결과면 더욱 좋다.)

2. 작업치료사에게 특화된 경험 작성 전략 및 예시

어떤 유형의 경험이든 작업치료사 직무에 필요한 역량과 연결시켜 설명하는 것이 중요하다.

1) 실습 경험

작업치료 전공자에게 가장 중요하고 직접적인 경험이다. 특정 분야의 치료 경험, 환자 중심 접근, 보조기구 활용, 치료 계획 수립, 팀 협업 등을 강조하자.

- **강조 포인트** : 실제 치료실 환경 적응력, 평가 및 중재 기법 적용 능력, 환자별 '작업' 분석 및 맞춤형 중재 제공, 환자 소통 및 동기 부여 능력, 의료진과의 협업 경험.

- STAR 기법 적용 예시

S/상황	"대학병원 (특정 치료실. 예 : 소아 작업치료실) 실습 당시, 발달 지연 아동의 감각 통합 치료를 보조했습니다."
T/과제	"주어진 과제는 아동의 발달 수준과 흥미를 고려하여 치료 참여를 유도하고, 목표한 감각 처리 능력 향상을 돕는 것이었습니다."
A/행동	"저는 단순히 치료사의 지시에 따라 보조하는 것을 넘어, 아동의 작은 행동 변화와 감각 반응을 세밀하게 관찰하고 기록했습니다. 특히 특정 자극에 대한 회피 반응이 강한 아동에게는 강요하기보다 놀이의 형태로 접근하고, 아동이 스스로 선택할 수 있는 기회를 제공하여 치료에 대한 긍정적인 인식을 심어 주려 노력했습니다. 아동의 흥미를 유발할 수 있는 새로운 놀이 활동이나 도구를 제안하고, 치료실 환경을 아동 친화적으로 조성하는 데에도 적극 참여했습니다. 또한 보호자와의 면담 시 아동의 일상생활 속 어려움을 경청하고, 가정에서 적용할 수 있는 간단한 활동들을 함께 고민하며 가족 중심 치료의 중요성을 배웠습니다."
R/결과 및 작업치료사 연관성	"그 결과 제가 보조했던 아동은 치료 초기에 비해 특정 감각 자극에 대한 회피 행동이 (구체적인 수치 또는 개선점. 예 : 현저히 감소)했고, 놀이 활동 참여도가 눈에 띄게 증가했습니다. 담당 지도 치료사 선생님으로부터 '환자 중심의 창의적 접근 능력이 뛰어나다'는 평가를 받았습니다. 이 경험을 통해 저

> 는 환자(아동)의 특성을 이해하고 공감하며 맞춤형 '작업'을
> 제공하는 능력과 환자의 자율성을 존중하며 치료 참여를 이
> 끌어내는 소통 능력의 중요성을 깊이 깨달았습니다. 이는 제
> 가 향후 (병원명)에서 환자분들의 의미 있는 삶과 기능을 회
> 복시키는 핵심 역량이 되는 데 도움이 될 것입니다."

2) 아르바이트/인턴 경험 (비전공 분야 포함)

직접적인 의료 경험이 아니더라도, 직무와 관련된 역량(서비스 마인드, 책임감, 문제 해결, 소통, 꼼꼼함 등)을 연결하여 기술할 수 있다.

- **강조 포인트** : 고객 응대(환자/보호자 응대 역량으로 연결), 문제 해결, 팀 워크, 꼼꼼한 정보 처리, 위기 대처 능력, 다양한 사람과의 소통.

- STAR 기법 적용 예시

S/상황	"사회복지관에서 6개월 동안 주말 프로그램 보조 아르바이트를 하며, 어르신들의 여가 활동 지원 및 프로그램 운영을 도왔습니다."
T/과제	"다양한 연령대와 특성을 가진 어르신들이 안전하고 즐겁게 프로그램에 참여하도록 돕고, 불편 사항을 신속하게 해결하여 만족도를 높이는 것이 저의 목표였습니다."
A/행동	"저는 어르신들의 참여율이 저조한 프로그램이 있을 때, 단순히 안내문에 그치지 않고 개별적으로 찾아가 흥미를 유발할 수 있는 요소들을 설명해 드렸습니다. 또한 프로그램 진행 중 어르신들의 작은 불편 사항(예 : 도구 사용의 어려움, 자세 교정 필요 등)도 놓치지 않고 세심하게 관찰하여 먼저 다가가

<table>
<tr><td>R/결과 및
작업치료사
연관성</td><td>도움을 드렸습니다. 어르신들의 신체적 제한을 고려하여 안전한 동선을 확보하고, 비상 상황 시 침착하게 대처하는 연습도 게을리하지 않았습니다."

"그 결과 제가 담당했던 프로그램의 참여율이 (수치화 가능한 결과. 예 : 15% 증가)했고, 어르신들로부터 '가장 편안하고 친절한 보조원'이라는 평가를 받았습니다. 이 경험을 통해 환자(이용자) 중심의 서비스 마인드와 친절한 소통 능력, 그리고 문제 발생 시 능동적으로 해결하는 능력을 길렀습니다. 작업치료사로서 환자분들이 편안하고 신뢰감을 느낄 수 있는 환경을 조성하고, 치료 중 발생하는 다양한 상황에 유연하게 대처하는 데 이러한 경험을 적극 활용하겠습니다."</td></tr>
</table>

3) 공모전/프로젝트/학술 활동

이 부분은 지원자의 분석력, 문제 해결 능력, 창의성, 협업 능력, 최신 지식 이해도를 보여 줄 수 있는 좋은 기회가 된다.

- **강조 포인트** : 가설 설정, 데이터 분석, 실험 설계, 결과 도출, 보고서 작성, 팀워크, 비판적 사고, 새로운 아이디어 제안, 기술 활용 능력.
- **STAR 기법 적용 예시**

<table>
<tr><td>S/상황</td><td>"작업치료학과 전공 심화 프로그램에서 '경도 인지 장애 노인을 위한 맞춤형 인지 훈련 앱 개발'을 주제로 팀 프로젝트를 수행했습니다."</td></tr>
<tr><td>T/과제</td><td>"기존 인지 훈련 프로그램의 한계를 분석하고, 노인의 특성을 고려한 접근성 높고 흥미로운 앱을 설계하여 그 효용성을</td></tr>
</table>

	검증하는 것이 목표였습니다.”
A/행동	“저는 팀 내에서 노인 인지 특성 및 기존 앱 사용 경험에 대한 사용자 인터뷰를 주도하고, 이를 바탕으로 앱 기능과 디자인에 대한 아이디어를 구체화하는 역할을 했습니다. 특히 단순한 인지 훈련을 넘어 노인분들의 ‘의미 있는 일상 작업’을 게임 요소로 접목하는 창의적인 아이디어를 제안하여 팀원들의 공감을 얻었습니다. 앱 개발 과정에서 기술적 어려움에 부딪혔을 때는 관련 서적과 논문을 탐독하고 외부 전문가에게 자문을 구하며 끈기 있게 문제 해결에 매달렸습니다.”
R/결과 및 작업치료사 연관성	“그 결과 저희 팀은 개발한 앱을 통해 노인 인지 기능 향상에 유의미한 효과를 보였고, 사용 편의성 및 흥미도 측면에서 높은 만족도를 얻어 ‘최우수 프로젝트상’을 수상했습니다. 이 경험을 통해 저는 환자(이용자)의 필요를 파악하여 창의적인 솔루션을 제시하는 능력, 복잡한 문제를 해결하기 위한 분석적 사고, 그리고 팀원들과의 협업을 통한 시너지 창출 능력을 길렀습니다. (병원명)에서 새로운 재활 프로그램 개발이나 연구 프로젝트에 참여할 기회가 주어진다면, 저의 이러한 역량을 적극 활용하여 기여하겠습니다.”

3. 경험 항목 작성 시 유의 사항

- 핵심 역량 연결 : 모든 경험은 작업치료사로서의 필요한 역량(환자 중심 사고, 공감, 창의적 문제 해결, 끈기 등)과 연결시켜 설명하라.

- 구체적인 내용 : “무엇을Action 했고, 어떤 결과를(Result) 얻었는지”를 육하원칙에 따라 구체적으로 작성하라.

- 수치화된 성과 : 가능한 한 수치나 객관적인 지표를 사용하여 성과를

명확히 보여 주는 것이 좋다.(예 : "만족도 90% 달성", "참여율 20% 증가", "오류율 5% 감소")

- **'나'의 역할 강조** : 팀 프로젝트나 단체 활동이라도 '내가' 어떤 역할을 했고, '나'의 기여가 무엇이었는지를 명확히 드러나게 작성하라.
- **배운 점과 적용 의지** : 경험을 통해 무엇을 배우고 성장했으며, 그 배운 점이 입사 후 병원(기관)에서 작업치료사로서 어떻게 기여할 수 있을지 언급하자.
- **직무와 무관한 경험의 재해석** : 직접적인 직무 경험이 아니더라도, 그 경험을 통해 얻은 역량을 작업치료사 업무와 연결하여 설명하는 능력을 보여 주는 것이 중요하다.

입사 후 포부

'입사 후 포부'는 지원자가 병원과 함께 어떻게 성장하고, 환자분들의 삶에 어떤 긍정적인 영향을 줄 것인지를 보여 주는 비전 제시 항목이다. 단순히 "열심히 배우겠습니다"가 아닌, 구체적인 계획과 목표를 제시하여 채용 담당자에게 지원자의 직무 이해도와 발전 가능성을 효과적으로 어필하자.

1. 단기 목표(입사 후 1~3년) : 기본 숙련 및 조직 적응에 집중!

입사 초기의 목표는 병원 시스템에 빠르게 적응하고, 기본적인 작업치료 평가 및 중재 기법에 대한 숙련도를 높이는 데 집중하겠다는 의지를 보여 주어야 한다.

● 핵심 키   병원 시스템 및 환자 관리 프로토콜 완벽 숙지

"입사 후 1년 이내에는 (지원 병원명)의 EMR(전자의무기록) 시스템, 작업치료 오더 체계, 환자별 치료 프로토콜 등 병원 고유의 시스템과 업무 흐름을 완벽히 숙지하겠습니다."

"각 치료실의 특성과 치료 기기 운용법을 빠르게 파악하고, 숙련된 선배 작업치료사들의 노하우를 적극적으로 배우며 현장에 빠르게 적응할 것입니다."

● 핵심 키   기본 평가 및 중재 기법 숙련도 향상

"인지, 지각, 근골격계, 감각 통합 등 기본적인 작업치료 평가 도구들을 정확하게 적용하고, ADL(일상생활 활동) 및 IADL(수단적 일상생활 활동) 중재 기법들을 효과적으로 수행하여 환자분들의 기능 회복에 기여하겠습니다."

● 핵심 키   환자 안전 및 윤리 의식 함양

"치료 중 발생할 수 있는 낙상 등의 위험 요소를 사전에 인지하고, 환자 안전 수칙을 철저히 준수하여 안전한 치료 환경 조성에 기여하겠습니다. 또한 환자 정보 보호 등 직업윤리를 철저히 지키며 신뢰받는 작업치료사가 되겠습니다."

2. 중기 목표(입사 후 3~5년) : 전문성 심화 및 문제 해결 능력 향상에 집중!

어느 정도 업무에 익숙해진 후에는 특정 작업치료 분야의 전문성을 심화하고, 치료실 및 병원 발전에 기여할 수 있는 구체적인 방안을 제시한다.

● 핵심 키 **특정 분야 전문성 심화 및 최신 지식 습득**

"입사 3년 후에는 (지원 병원의 특화 분야 또는 본인의 관심 분야. 예 : 신경계 작업치료, 소아 작업치료, 수부 재활, 인지 재활, 연하 재활 등)에 대한 전문성을 심화하기 위해 관련 학회 참여, 외부 교육 프로그램 이수, 전문 자격증 취득(예 : 감각통합치료사, 연하장애재활치료사 등) 등 적극적인 자기개발을 통해 전문성을 강화하겠습니다."

"새로운 평가 도구나 중재 기법, 보조 공학기기 도입 시, 선제적으로 학습하고 능숙하게 활용하여 변화하는 의료 환경에 발 빠르게 적응하겠습니다."

● 핵심 키 **환자별 맞춤 치료 및 문제 해결에 기여**

"개개인의 환자 상태와 회복 단계, 그리고 '의미 있는 작업'을 고려한 가장 효과적인 맞춤형 치료 계획을 수립하고, 치료 과정에서 발생하는 변수나 어려움을 분석하여 창의적으로 해결하는 데 집중하겠습니다."

● 핵심 키 **의료진 및 동료와의 협업 강화**

"의사, 간호사, 물리치료사 등 다양한 의료진과의 원활한 소통과 협업을 통해 환자 중심의 통합 재활 서비스 제공에 기여하겠습니다. 환자 상태 공유 및 피

    Part.2 본격적인 병원 자소서 작성

드백 과정을 개선하는 데 적극 참여할 것입니다."

3. 장기 목표(입사 후 5년 이상) : 리더십 발휘 및 병원 성장에 기여에 집중!

궁극적으로 어떤 작업치료사로 성장하여 병원의 비전에 어떻게 기여할지를 제시한다. 단지 개인적인 성장뿐 아니라, 병원 전체의 발전과 환자 케어 향상에 초점을 맞추어야 한다.

● 핵심 키 **리더십 발휘 및 치료실 발전에 기여**

"입사 5년 이상 후에는 특정 치료 파트의 리더로서 치료 시스템의 효율성과 치료의 질을 극대화하고, 최신 재활 트렌드를 반영한 새로운 치료 프로토콜 개발에 참여하여 병원의 재활 경쟁력 강화에 이바지하고 싶습니다."

● 핵심 키 **연구 및 학술 활동 참여(선택 사항)**

"기회가 된다면 작업치료 관련 연구 활동이나 학술 발표에 참여하여, (병원명)의 재활 역량을 대외적으로 알리고 학술 발전에 기여하는 전문가가 되고 싶습니다."(특히 상급 종합병원이나 연구 중심 병원 지원 시 효과적.)

● 핵심 키 **최고의 작업치료 전문가로서의 비전 제시**

"궁극적으로는 환자분들이 의미 있는 삶의 '작업'을 되찾을 수 있도록 돕는 '환자 중심 작업치료사'로서, 기능 회복을 넘어 환자분들이 다시 활기찬 일상을 영위할 수 있도록 돕는 (병원명)의 핵심 인재가 되겠습니다.

끊임없이 배우고 발전하며 (병원명)이 국내 최고의 재활 의료기관으로 자리매김하는 데 이바지하겠습니다."

4. 입사 후 포부 작성 시 유의 사항

- **구체성** : 막연한 표현("최선을 다하겠습니다", "열심히 배우겠습니다") 대신, "어떤 교육을 통해", "어떤 치료 기법을 능숙하게" 등 구체적인 계획과 행동을 제시하라.
- **실현 가능성** : 허황된 목표보다는 현실적으로 달성 가능한 목표를 제시하여 신뢰감을 높여라.
- **병원과의 연결성** : 자신의 포부가 지원하는 병원의 비전이나 발전 방향과 어떻게 연결되는지 항상 염두에 두고 작성하라.
- **직무 연관성** : 작업치료사로서의 역할에 초점을 맞춰 직무와 직접적으로 관련된 포부를 밝혀야 한다.

치과위생사 자소서 작성

성장 과정

'성장 과정'은 지원자의 가치관, 인성, 그리고 직업윤리가 어떻게 형성되었는지를 보여 주는 중요한 항목이다. 연대기적인 사실 나열은 지양하고, 자신의 가치관이나 특정 경험이 치과위생사 직무에 필요한 역량과 어떻게 연결되는지 특화시켜 작성하자.

1. 핵심 키워드부터 선정하라 : 나를 설명하는 가치관 또는 역량

먼저 치과위생사로서 중요한 나의 핵심 가치관이나 역량 키워드를 한

두 가지 선정한다. 이 키워드가 성장 과정 전체를 관통하는 주제가 되도록 구성하는 것이 좋다.

<예시 키워드>

- 공감과 소통 : 환자의 불안감을 이해하고 효과적으로 소통하는 능력.

- 꼼꼼함과 책임감 : 정확하고 위생적인 진료 환경을 조성하는 자세.

- 예방 중심 사고 : 치료보다 예방의 중요성을 인식하고 실천하는 가치관.

- 친절과 서비스 마인드 : 환자에게 편안하고 긍정적인 경험을 제공하려는 태도.

- 성장 지향/학습 의지 : 새로운 지식과 기술 습득에 대한 열정.

- 문제 해결 능력 : 예상치 못한 상황에 침착하게 대처하고 해결책을 찾는 능력.

2. 구체적인 에피소드를 선정하고 STAR 기법을 활용하라!

선정한 키워드를 가장 잘 보여 줄 수 있는 구체적인 에피소드를 한두 개 선택하여 STAR 기법으로 풀어내자. 어릴 적 경험, 학창 시절 활동, 가족 분위기, 특별한 사건 등 어떤 것도 좋다.

S/Situation	상황 → 어떤 배경이었는지 구체적으로 설명한다.
T/Task	과제/목표 → 그 상황에서 달성해야 했던 목표나 과제가 무엇이었는지 제시한다.
A/Action	행동 → 그 목표를 달성하기 위해 '내가' 어떤 구체적인 행동을 했는지 서술한다.
R/Result	결과 및 배운 점 → 나의 행동으로 어떤 결과가 있었고, 무엇을 배우고 느꼈는지, 그리고 이것이 현재의 '나'에

게 어떤 영향을 미쳤으며, 치과위생사 직무에 어떻게 연결되는지를 강조한다.

3. 치과위생사 직무와의 연결성을 강조하라!

자소서에서 직무와의 연결성은 가장 중요한 부분이다. 아무리 좋은 경험이라도 치과위생사 직무와 연결되지 않으면 의미가 퇴색된다. 경험을 통해 배운 점이 치과위생사로서 어떤 강점이 되는지 명확하게 제시해야 한다.

1) 꼼꼼함과 책임감을 강조하는 경우
   (키워드 : 꼼꼼함, 책임감, 위생 의식)

• STAR 기법 적용 예시

S/상황　　"어릴 적부터 저희 집은 가족들의 식사 후 설거지를 각자 책임지는 규칙이 있었습니다. 특히 제가 담당하는 날에는 식기류의 위생에 각별히 신경을 썼습니다."

T/과제　　"단순히 깨끗하게 씻는 것을 넘어 보이지 않는 부분까지 청결하게 관리하고, 혹시라도 남아 있을 세균까지 제거한다는 생각으로 철저히 위생을 지키는 것이 저의 목표였습니다."

A/행동　　"저는 설거지 후에도 뜨거운 물로 한 번 더 헹구고, 물기가 완전히 마른 후에 정리했습니다. 특히 컵이나 수저통처럼 세

균 번식에 취약한 부분은 솔을 사용해 틈새까지 꼼꼼히 닦았습니다. 한번은 아버지가 '네가 닦은 식기는 유독 깨끗해서 마음이 놓인다'고 칭찬해 주신 적도 있습니다. 이러한 경험을 통해 작은 부분이라도 소홀히 하지 않고 철저하게 처리하는 꼼꼼함과 위생 관리에 대한 강한 책임감을 기르게 되었습니다."

R/결과 및 치과위생사 연관성   "이러한 성장 배경은 환자의 안전과 직결되는 치과위생사의 감염 관리 업무에 대한 저의 태도를 형성하는 데 큰 영향을 미쳤습니다. (지원 치과명)에서 제가 가진 꼼꼼함과 책임감은 철저한 기구 소독 및 멸균, 그리고 위생적인 진료 환경 조성을 통해 환자분들이 안심하고 진료받을 수 있도록 기여하는 데 큰 강점이 될 것입니다."

2) 환자 공감 및 소통 능력을 강조하는 경우 (키워드 : 공감, 소통, 친절)

• STAR 기법 적용 예시

S/상황   "대학 시절 어르신들을 대상으로 한 스마트폰 교육 봉사 활동에 참여했습니다. 기기 사용에 어려움을 겪으시는 어르신들이 많아 답답해하시는 모습을 자주 보았습니다."

T/과제   "단순히 기능을 알려 드리는 것을 넘어, 어르신들의 불편함을 이해하고 눈높이에 맞춰 설명하며, 성공적인 디지털 활용을 돕는 것이 저의 목표였습니다."

A/행동   "저는 어르신들의 질문에 '그럴 리가 없는데'라는 말 대신, '네, 그러실 수 있습니다'라며 먼저 공감했습니다. 그리고는 전문 용어 대신 쉬운 단어와 비유를 사용하고, 직접 손을 잡고 천천히 시범을 보여 드리며 이해를 도왔습니다. 작은 기능 하나를 익히셨을 때도 '정말 잘하셨어요!'라며 진심으로 칭찬하고 격려했습니다. 덕분에 어르신들은 점차 자신감을

R/결과 및 치과위생사 연관성	가지고 적극적으로 참여해 주셨고, '덕분에 손주랑 영상통화를 할 수 있게 되었다'며 기뻐하셨습니다." "이러한 경험을 통해 저는 상대방의 입장을 헤아려 진심으로 공감하고, 불안감을 경감시키며 효과적으로 소통하는 능력을 길렀습니다. 치과 진료는 환자분들께 두려움이나 불편함을 줄 수 있는 과정이 많습니다. 저의 이러한 공감 능력과 친근한 소통 방식은 (지원 치과명)에서 환자분들이 편안하고 안심하며 진료받을 수 있는 분위기를 조성하고, 정확하고 친절한 구강 보건 교육을 통해 환자 만족도 향상에 크게 기여할 것입니다."

4. 성장 과정 항목 작성 시 유의 사항

- **연대기적 나열 금지** : 단순한 사실 나열이 아닌, 특정 경험을 통한 가치관 형성 과정에 초점을 맞추라.
- **뻔한 이야기 지양** : 흔하디흔한 '부모님의 가르침' 식의 내용은 피하고, 자신만의 특별한 에피소드를 기술하라.
- **직무 연결** : 모든 내용은 결국 치과위생사로서의 역량이나 태도와 어떻게 연결되는지 명확하게 밝혀야 한다.

장점과 단점

치과위생사 자기소개서에서 '성격의 장단점'은 지원자가 스스로를 얼마나 잘 이해하고 있으며, 자신의 성격이 치과위생사 직무 수행에 어떻게 긍정적 또는 부정적인 영향을 미칠 수 있는지 보여 주는 중요한 항목이다. 치과위생사의 직무 특성을 고려하여 솔직하면서도 전략적으로 작성하는 것이 무엇보다 중요하다.

1. 장점은 직무 역량과 연결시켜 강점을 부각하라!

치과위생사에게 요구되는 핵심 역량과 연결하여 자신의 장점을 구체적인 사례와 함께 제시해야 한다.

〈치과위생사만의 핵심 역량〉

- 정확성 및 꼼꼼함 : 치과 기구 준비, 소독, 차트 기록, 구강 내 처치 시 세심한 주의.
- 환자 공감 및 소통 능력 : 환자의 불안감 경감, 진료 과정 및 구강 관리 교육 시 명확하고 친절한 설명.
- 친절함 및 서비스 마인드 : 환자 중심의 응대와 편안한 진료 환경 제공.
- 책임감 및 윤리 의식 : 감염 관리 원칙 준수, 환자 정보 보호 등 직업윤리 준수.
- 문제 해결 능력 : 진료 중 발생할 수 있는 환자 불편이나 예상치 못한 상황에 대한 대처.

• 학습 의지 : 최신 치과 기술 및 지식 습득에 대한 열정.

• 협업 능력 : 의사, 치과 조무사 등 의료진과의 원활한 팀워크.

2. 장점 유형별 작성 예시 및 전략

장점 **꼼꼼함과 책임감**

1) 설명 : "저의 가장 큰 장점은 어떤 일이든 꼼꼼하게 처리하고 맡은 일에 강한 책임감을 가진다는 것입니다."

2) 예시 : "대학 시절 실습에서 감염 관리 원칙을 배울 때, 단순히 지시를 따르는 것을 넘어 기구 하나하나의 멸균 과정을 수차례 확인하고 기록했습니다. 또한 환자 차트 기록 시 오타나 누락이 없도록 다시 한 번 검토하는 습관을 들였습니다. 치과위생사에게 정확성과 책임감은 환자의 안전과 직결되는 중요한 덕목이라고 생각합니다. 저의 이러한 꼼꼼함과 책임감은 (지원 치과명)에서 철저한 감염 관리와 정확한 진료 보조를 통해 환자분들께 안전하고 신뢰할 수 있는 의료 서비스를 제공하는 데 기여할 것입니다."

장점 **뛰어난 공감 능력과 친화력**

1) 설명 : "저는 타인의 감정에 깊이 공감하고, 먼저 다가가 소통하며 친밀한 관계를 형성하는 능력이 뛰어납니다."

2) 예시 : "실습 중 치과 치료에 대한 막연한 두려움을 가진 소아 환자

를 만났습니다. 저는 아이의 눈높이에 맞춰 진료 과정을 인형으로 설명해 주고, 좋아하는 만화 캐릭터 이야기를 꺼내며 긴장감을 풀어 주려 노력했습니다. 작은 행동에도 칭찬을 아끼지 않자, 아이는 점차 마음을 열고 진료에 협조해 주었습니다. 치과위생사는 환자의 구강 건강뿐 아니라 심리적 안정까지 책임져야 한다고 생각합니다. 저의 이러한 공감 능력과 친화력은 (지원 치과명)에서 환자분들이 편안하고 안심하며 진료받을 수 있는 분위기를 조성하고, 올바른 구강 관리 습관 형성에 도움을 줄 것입니다."

3. 단점은 직무에 치명적이지 않고, 개선 의지가 보이도록 제시하라!

단점은 솔직하되 치과위생사 직무 수행에 치명적이지 않은 것을 선택하고, 반드시 개선하기 위한 노력과 구체적인 방안을 함께 제시해야 한다. 단점을 통해 오히려 긍정적인 면(자기 성찰 능력, 발전 가능성)을 보여 줄 기회로 삼아야 함을 잊지 마시길.

4. 단점 유형별 작성 예시 및 전략

단점　지나친 완벽주의(→ 업무 속도 저해 가능성)

1) 설명 : "저의 단점은 때때로 지나친 완벽주의로 인해 한 가지 일에 몰두하면 다른 업무의 속도가 더뎌질 수 있다는 것입니다."

2) 예시 : "정확성은 치과위생사에게 필수적인 덕목이지만, 바쁜 치과

현장에서는 효율적인 업무 처리도 중요함을 인지하고 있습니다. 이를 보완하기 위해 현재는 업무 시작 전 우선순위를 설정하고, 타이머를 활용해 각 업무에 할당된 시간을 지키는 연습을 하고 있습니다. 실습 시에도 환자 응대와 기구 준비 등 여러 업무를 동시에 처리해야 할 때, 중요도와 긴급성을 판단하여 신속하게 업무를 진행하는 훈련을 했습니다. 입사 후에는 저의 완벽주의를 통해 진료의 질을 높이되, 효율적인 시간 관리로 진료 흐름을 원활하게 돕는 치과위생사가 되겠습니다."

5. 성격의 장단점 작성 시 유의 사항

- **직무 연관성** : 장점은 직무 수행에 긍정적인 영향을, 단점은 직무 수행에 치명적이지 않은 것을 선택하고 반드시 개선 노력을 포함해야 한다.
- **구체적인 사례** : 추상적인 묘사보다는 실제 경험을 바탕으로 한 구체적인 사례를 제시하여 설득력을 높이는 것이 중요하다.
- **단점의 긍정적 전환** : 단점을 통해 오히려 자기 성찰 능력, 문제 인식 능력, 발전 의지를 보여 줄 수 있도록 작성해야 한다.

지원 동기

'지원 동기'는 지원자가 왜 치과위생사의 길을 선택했는지, 그리고 왜 이 치과(기관)에 지원하게 되었는지를 보여 주는 매우 중요한 항목이다. 단순히 직무에 대한 관심 나열을 넘어, 직무의 본질적 가치와 지원하는 치과의 특성을 연결하여 진정성 있는 열정과 구체적인 기여 의지를 보여 주는 것이 핵심이다.

1. 치과위생사 직무에 대한 본질적 이해와 열정을 드러내라

'왜 치과위생사인가?'로 시작하는 게 중요하다. 이때 단순히 '의료직'이라는 생각보다는, '환자의 구강 건강을 지키고, 아름다운 미소를 되찾아주며, 나아가 정신 건강에까지 기여하는 예방 중심의 구강 건강 전문가'라는 치과위생사의 사명감과 중요성을 인지하고 있음을 보여 주는 것이 중요하다.

○예시 : "환자분들의 구강 건강을 지켜, 밝고 건강한 미소를 되찾아 드리는 치과위생사의 역할에 깊은 매력을 느꼈습니다. 특히 치료를 넘어 예방 중심의 구강 관리와 맞춤형 교육을 통해 환자분들의 평생 구강 건강 증진에 기여하는 치과위생사의 역할에 강한 사명감을 느끼게 되었습니다"와 같이 직무의 가치를 높이 평가하고 있음을 밝히는 것이 좋습니다.

2. 흥미와 적성 발견 계기를 꼭 구체화하라!

내가 언제, 어떤 계기로 치과위생사의 길을 걷게 되었는지 구체적인 경험을 제시하라. 이는 자소서에 진정성을 더하는 중요한 요소가 된다.

○예시 : "학창 시절 정기적인 스케일링 후 치과위생사 선생님께서 저

의 구강 상태에 맞는 칫솔질 방법과 구강용품 사용법을 꼼꼼히 알려 주셨
던 경험이 있습니다. 그때 '내 손으로 환자분들의 구강 건강을 지키고, 올
바른 지식을 전달하여 삶의 질을 높일 수 있다'는 생각에 깊은 감명을 받
아 치과위생사의 길을 걷기로 결심했습니다."

이처럼 개인의 치과 치료 경험, 봉사 활동 중 구강 보건 교육 경험, 가족
의 구강 건강 관리 경험 등 개인적인 계기를 치과위생사라는 직업과 연결
하여 진정성을 더할 수 있다.

3. 지원하는 치과(기관)에 대한 철저한 분석으로 역량과 연결하라!

'왜 꼭 이 치과인가?'에 대한 명확한 답이 있어야 한다. 지원하는 치과
의 특성과 강점(미션, 비전, 특화 진료 분야, 최신 장비/프로그램, 환자 중심 철학,
의료진 구성 등)을 면밀히 분석하고, 자신의 역량과 가치관이 어떻게 부합
하는지 연결해야 한다. 이는 치과에 대한 관심과 이해도를 보여 주는 중요
한 부분이다.

〈치과 분석 포인트〉

- **특정 진료 분야** : 해당 치과가 임플란트, 교정, 소아치과, 심미치료, 통합 치의
  학 등 특정 진료에 강점을 가진다면, 이에 대한 자신의 관심과 기여 의지를
  표현하라.
- **최신 장비/기술 도입** : 디지털 덴티스트리, 3D 스캐너, 미세 현미경 등 첨단
  장비를 적극적으로 사용하는 곳이라면, 새로운 기술 습득 및 활용에 대한 자

신의 의지를 어필하라.

- **의료진 구성 및 협력** : 전문의 협진 시스템과 체계적인 의료진 교육 등을 강조하는 치과라면, 팀워크 능력이나 학습 의지를 연결하라.

- **정보 출처** : 치과 홈페이지, 블로그, 환자 후기, 뉴스 기사 등을 통해 치과의 특장점을 구체적으로 찾아내 언급하면 금상첨화다.

◑예시 : "특히 (지원 치과명)은 (특정 진료 분야. 예 : 디지털 임플란트, 투명 교정)에 대한 풍부한 임상 경험과 (환자 중심 진료 철학. 예 : 환자 한 분 한 분께 맞춤형 상담을 제공하는) 점에 깊이 공감했습니다. 저는 (지원 치과의 특징에 대한 본인의 구체적인 관심사, 예 : 체계적인 구강 위생 교육 프로그램, 쾌적하고 안락한 진료 환경 등)을 통해 환자분들께 최상의 의료 서비스를 제공하고자 하는 (지원 치과명)의 비전에 저의 (강점/역량)을 바탕으로 기여하고 싶어 지원하게 되었습니다."

그리고 구체적인 병원의 이름과 특징을 언급하는 것이 좋다. "지역사회 환자분들의 신뢰를 얻고 있는 (지원 치과명)에서 예방 중심의 구강 관리에 대한 제 역량을 펼치고 싶습니다" 또는 "(지원 치과명)의 따뜻한 환자 중심 진료 철학에 깊이 공감하며, 환자분들이 안심하고 진료받을 수 있는 환경을 만드는 데 기여하고 싶습니다"와 같이 구체성을 더하자.

4. 자신의 역량과 강점을 치과의 요구 사항에 맞춰 연결하라!

- **직무 역량의 구체적 제시** : 치과위생사에게 요구되는 핵심 역량(정확성, 꼼꼼함, 소통 능력, 공감 능력, 친절함, 학습 의지, 문제 해결 능력 등) 중 자신의 강점을 선택하여 제시하자. 나아가 자신의 이러한 강점이 해당 치과의

치과위생사로서 어떻게 발휘될 수 있을지 구체적으로 연결하는 것이 핵심이다.

○예시 : "대학 시절 실습 중 (환자분들께 칫솔질 교육 시 눈높이에 맞춰 설명했던 경험)이나 (정확한 차트 기록과 철저한 기구 멸균 소독을 통해 감염 관리에 기여했던 경험)을 통해 길러진 저의 (환자 공감 능력과 세심한 업무 처리 능력)은 (지원 치과명)에서 환자분들께 최상의 구강 건강 서비스를 제공하는 데 큰 도움이 될 것이라 생각합니다."

5. 입사 후의 포부도 간략히 언급하자(선택 사항)

지원 동기 마지막 부분에 입사 후 어떤 치과위생사로 성장하고 싶으며, 치과에 어떤 기여를 할 것인지 간략하게 언급하여 연결성을 강화할 수 있다. 이는 '입사 후 포부' 항목과 중복되지 않도록 핵심만 전달하는 것이 좋다.

○예시 : "(지원 치과명)의 일원으로서 끊임없이 배우고 발전하며, 궁극적으로는 (지원 치과명)의 환자 만족도 향상과 지역사회 구강 건강 증진에 이바지하는 치과위생 전문가로 성장하고 싶습니다."

6. 지원 동기 작성 시 유의 사항

- **진정성과 솔직함** : 꾸며내기보다는 자신의 실제 경험과 생각을 바탕으로 작성해야 면접에서도 일관성 있고 진정성 있는 모습을 보여 줄 수 있다.
- **구체적인 경험** : 추상적인 표현("직무에 대한 열정")보다는 실제 경험(실

습, 봉사, 개인 학습 등)을 바탕으로 구체적인 상황, 자신의 역할, 결과, 그리고 배운 점을 명확히 제시하라.

- **참신한 문구로 시작** : 자기소개서의 첫 문장은 채용 담당자의 시선을 사로잡을 수 있도록 흥미롭고 인상 깊게 작성하는 것이 좋다.
- **간결하고 명확하게** : 불필요한 미사여구를 줄이고, 핵심 내용을 간결하고 명확하게 전달하는 데 집중하라.

경험

치과위생사 자기소개서에서 '경험' 항목은 지원자가 직무에 필요한 실제적인 역량을 갖추고 있음을 보여 주는 가장 중요한 부분이다. 그러므로 단순히 어떤 경험을 했는지 나열하는 것을 넘어, 그 경험을 통해 무엇을 배우고 어떻게 성장했는지를 치과위생사 직무와 연결하여 구체적으로 보여 주는 것이 핵심이다.

경험은 크게 실습 경험, 아르바이트/인턴 경험, 공모전/프로젝트/학술 활동, 동아리/봉사 활동 등으로 나누어진다. 어떤 유형의 경험이든 치과위생사 직무에 필요한 역량(환자 공감, 소통, 정확성, 꼼꼼함, 친절함, 학습 의지, 문제 해결, 협업 능력 등)과 연결시켜 설명하는 것이 중요하다.

1. 경험 작성의 기본 원칙 : STAR 기법을 활용하라!

S/Situation	어떤 상황이었는지 배경을 설명한다.(언제, 어디서, 누구와)
T/Task	주어진 과제나 달성해야 할 목표가 무엇이었는지 명확히 제시한다.
A/Action	그 상황에서 목표 달성을 위해 '내가' 어떤 행동을 했는지 구체적으로 기술한다.(액션이 가장 중요하며, '나'의 역할을 명확히 제시한다.)
R(Result)	나의 행동으로 어떤 결과가 있었는지 구체적인 성과를 제시한다.(수치화가 가능한 결과면 더욱 좋다.)

2. 치과위생사에게 특화된 경험 작성 예시 및 전략

어떤 유형의 경험이든 치과위생사 직무에 필요한 역량과 연결시켜 설명하는 것이 중요하다.

1) 실습 경험

이는 치위생과 전공자에게 가장 중요하고 직접적인 경험이다. 특정 진료 보조 경험, 환자 구강 관리 교육, 감염 관리, 장비 사용 등을 강조하자.

- **강조 포인트** : 실제 치과 환경 적응력, 진료 보조 및 구강 관리 기술 숙련도, 환자별 맞춤 교육 능력, 환자 소통 및 불안감 경감 능력, 감염 관리 의식, 의료진과의 협업 경험.

• STAR 기법 적용 예

S/상황	"대학병원 치과 실습 당시, 보철과에서 다양한 보철 치료 환자들의 진료 보조 및 구강 관리 교육을 담당했습니다."
T/과제	"환자분들의 불편함을 최소화하며 정확한 진료가 이루어지도록 돕고, 보철물 장착 후의 구강 위생 관리법을 효과적으로 교육하여 성공적인 치료 유지를 돕는 것이 저의 목표였습니다."
A/행동	"저는 진료 전 환자의 차트를 꼼꼼히 확인하여 과거력과 특이 사항을 숙지하고, 진료에 필요한 기구들을 오차 없이 정확하게 준비했습니다. 특히 보철물 장착 후에는 환자분들의 구강 구조와 보철물의 종류에 따라 맞춤형 칫솔질 방법, 치간 칫솔 및 치실 사용법을 시각 자료와 함께 직접 시연하며 쉽게 설명했습니다. 처음에는 어려워하시는 환자분들께 끈기를 가지고 반복적으로 설명하고 시범을 보여 드리며, 환자분들이 스스로 잘 관리하실 수 있도록 동기를 부여했습니다. 또한 진료 중 환자분들의 표정 변화를 살피며 불편한 점은 없는지 세심하게 질문하고, 필요한 경우 의사 선생님께 전달하며 환자 중심의 진료 환경 조성에 기여했습니다."
R/결과 및 치과위생사 연관성	"그 결과 제가 교육을 진행했던 환자분들의 구강 관리 습관이 현저히 개선되었고, 정기 검진 시에도 청결한 구강 상태를 유지하는 데 기여했습니다. 담당 교수님과 선배 위생사님께 '환자 교육의 이해도가 높고 소통 능력이 뛰어나다'는 평가를 받았습니다. 이 경험을 통해 정확하고 꼼꼼한 업무 처리 능력, 환자별 맞춤형 교육을 위한 소통 능력, 그리고 환자분들의 평생 구강 건강에 기여하려는 사명감의 중요성을 깊이 깨달았습니다. 이는 제가 향후 (지원 치과명)에서 환자분들께 신뢰받는 최고의 구강 건강 전문가로 성장하는 밑거름이 될 것이라고 생각합니다."

   Part.2 본격적인 병원 자소서 작성

2) 아르바이트/인턴 경험 (비전공 분야 포함)

직접적인 치과 경험이 아니더라도, 직무와 관련된 역량(서비스 마인드, 책임감, 문제 해결, 소통, 꼼꼼함 등)을 연결하여 기술할 수 있다.

- 강조 포인트 : 고객 응대(환자 응대 역량으로 연결), 문제 해결, 팀워크, 꼼꼼한 정보 처리, 위기 대처 능력.

- STAR 기법 적용 예

S/상황	"패스트푸드점에서 1년 동안 주말 아르바이트를 하며 주문 접수, 고객 응대, 매장 관리 업무를 담당했습니다."
T/과제	"빠르게 변화하는 주문 속에서도 오류 없이 고객의 요청을 처리하고, 불만을 신속하게 해결하며 높은 고객 만족도를 유지하는 것이 저의 목표였습니다."
A/행동	"저는 고객의 주문을 받을 때 메모를 습관화하고, 바쁜 와중에도 반드시 다시 한 번 확인하며 실수를 줄였습니다. 또한 주문 오류나 고객 불만이 발생했을 때는 먼저 경청하고, 진심으로 사과하며 신속하게 다시 제공하거나 환불 처리를 안내하여 불편함을 최소화했습니다. 특히 컴플레인 발생 시에는 단순히 사과하는 것을 넘어 문제의 원인을 파악하고, 다음 주문 시 재발 방지를 위한 방안을 팀원들과 공유하며 개선을 주도했습니다."
R/결과 및 치과위생사 연관성	"그 결과 저의 근무 시간 동안 고객 컴플레인 발생률을 (수치화 가능한 결과. 예 : 10% 감소) 낮출 수 있었고, 동료들로부터 '문제 해결 능력이 뛰어나고 고객 응대가 친절하다'는 평가를 받았습니다. 이 경험을 통해 정확한 정보 확인 능력과 신속한 문제 해결 능력, 그리고 고객(환자)의 입장에서 공감하고 소통하는 능력을 함양했습니다. 치과위생사로서 진료 과정에서 발생할 수 있는 환자의 불편 사항에 능동적으로 대처

하고, 환자와의 신뢰를 바탕으로 편안한 진료 환경을 제공하는 데 이러한 경험을 적극 활용하겠습니다.”

3) 공모전/프로젝트/학술 활동

이 부분은 연구 능력, 분석력, 문제 해결 능력, 창의성, 협업 능력, 최신 지식 이해도를 보여 줄 수 있는 좋은 기회이다.

- **강조 포인트** : 가설 설정, 데이터 분석, 실험 설계, 결과 도출, 보고서 작성, 팀워크, 비판적 사고, 새로운 아이디어 제안, 기술 활용 능력.
- **STAR 기법 적용 예**

S/상황	“치위생과 전공 심화 프로젝트에서 '고령층의 구강 건강 증진을 위한 맞춤형 구강용품 개발'을 주제로 팀 프로젝트를 수행했습니다.”
T/과제	“기존 구강용품 사용의 어려움을 분석하고, 고령층의 구강 구조와 손 기능 특성을 고려한 사용자 친화적인 구강용품을 설계하고 그 효용성을 검증하는 것이 목표였습니다.”
A/행동	“저는 팀 내에서 고령층 대상 구강용품 사용 실태 및 불편감에 대한 설문 조사 및 심층 인터뷰를 주도하고, 이를 바탕으로 구강용품의 디자인과 기능에 대한 아이디어를 구체화하는 역할을 했습니다. 특히 3D 프린팅 기술을 활용하여 시제품을 제작하는 과정에서 여러 번의 시행착오를 겪었지만, 끈기 있게 자료를 찾아보고 전문가에게 자문을 구하며 문제를 해결했습니다. 최종 시제품에 대해 고령층 사용자들에게 직접 피드백을 받아 환자(사용자) 중심의 개선점을 도출하고 적

| R/결과 및
치과위생사
연관성 | 용하는 데 힘썼습니다."
"그 결과 저희 팀이 개발한 구강용품은 기존 제품 대비 사용자 만족도가 (수치화 가능한 결과. 예 : 20% 이상) 높게 나타났으며, '창의적 아이디어상'을 수상했습니다. 이 경험을 통해 저는 환자(이용자)의 필요를 파악하여 창의적인 솔루션을 제시하는 능력, 복잡한 문제를 해결하기 위한 분석적 사고, 그리고 팀원들과의 협업을 통한 시너지 창출 능력을 길렀습니다. (지원 치과명)에서 새로운 구강 관리 프로그램 개발이나 환자 교육 자료 제작 등에 참여할 기회가 주어진다면, 저의 이러한 역량을 적극 활용하여 기여하겠습니다." |

3. 경험 항목 작성 시 유의 사항

- **핵심 역량 연결** : 모든 경험은 치과위생사로서의 필요한 역량(환자 공감, 소통, 정확성, 꼼꼼함 등)과 연결시켜 설명하라.

- **수치화된 성과** : 가능한 한 수치나 객관적인 지표를 사용하여 성과를 명확히 보여 주자.(예 : "만족도 90% 달성", "참여율 20% 증가", "오류율 5% 감소")

- **배운 점과 적용 의지** : 경험을 통해 무엇을 배우고 성장했으며, 그 배운 점이 입사 후 치과(기관)에서 치과위생사로서 어떻게 기여할 수 있을지 반드시 언급하라.

입사 후 포부

'입사 후 포부'는 지원자가 치과(기관)와 함께 어떻게 성장하고, 환자들에게 어떤 긍정적인 영향을 줄 것인지를 보여 주는 비전 제시 항목이다. 이에 단순히 "열심히 배우겠습니다"가 아닌, 구체적인 계획과 목표를 제시하여 채용 담당자에게 지원자의 직무 이해도와 발전 가능성을 효과적으로 어필해야 한다.

1. 단기 목표(입사 후 1~3년) : 기본 숙련 및 조직 적응에 집중!

입사 초기의 목표는 치과 시스템에 빠르게 적응하고, 기본적인 치과위생 업무(진료 보조, 감염 관리, 구강 관리 교육 등)에 대한 숙련도를 높이는 데 집중하겠다는 의지를 보여 주어야 한다.

● 핵심 키 치과 시스템 및 진료 프로토콜 완벽 숙지

"입사 후 1년 이내에는 (지원 치과명)의 EMR(전자의무기록) 시스템, 진료 프로세스, 환자 응대 매뉴얼 등 치과 고유의 시스템과 업무 흐름을 완벽히 숙지하겠습니다."

"각 진료실의 특성과 첨단 장비 운용법을 빠르게 파악하고, 숙련된 선배 치과위생사들의 노하우를 적극적으로 배우며 현장에 빠르게 적용할 것입니다."

● 핵심 키 기본 진료 보조 및 구강 관리 교육 숙련도 향상

  Part.2 본격적인 병원 자소서 작성

"스케일링, 불소 도포, 치과 방사선 촬영 등 기본적인 치과위생 업무를 정확하고 능숙하게 수행하여 진료의 효율성을 높이고 환자분들의 구강 건강 증진에 기여하겠습니다."

"매 진료 시 환자분들의 불안감을 경감하고 구강 관리에 대한 동기를 부여하기 위해 친절하고 명확한 소통으로 맞춤형 구강 위생 교육을 제공하는 데 집중하겠습니다."

2. 중기 목표(입사 후 3~5년) : 전문성 심화 및 문제 해결 능력 향상에 집중!

어느 정도 업무에 익숙해진 후에는 특정 치과 진료 분야의 전문성을 심화하고, 치과 및 환자 만족도 향상에 기여할 수 있는 구체적인 방안을 제시한다.

● 핵심 키　**특정 분야 전문성 심화 및 최신 지식 습득**

"입사 3년 후에는 (지원 치과의 특화 진료 분야 또는 본인의 관심 분야. 예 : 임플란트 수술 보조, 교정 환자 관리, 소아치과 특화, 심미 보철 관련 지식 등)에 대한 전문성을 심화하기 위해 관련 학회 참여, 외부 교육 프로그램 이수, 전문 자격증 취득(예 : BLS Provider, CAD/CAM 관련 교육 등) 등 적극적인 자기개발을 통해 전문성을 강화하겠습니다."

● 핵심 키　**환자별 맞춤 상담 및 문제 해결 기여**

"개개인의 환자 구강 상태와 특성을 고려한 가장 효과적인 맞춤형 구강 관리 계획을 수립하고, 진료 과정에서 발생하는 환자의 불안감이나 불편 사항을 적극적으로 경청하고 해결하는 데 집중하겠습니다.”

● 핵심 키 의료진 및 동료와의 협업 강화

“원장님, 치과조무사, 코디네이터 등 다양한 의료진과의 원활한 소통과 협업을 통해 환자 중심의 통합적인 치과 서비스 제공에 기여하겠습니다. 진료 전후 환자 상태 공유 및 피드백 과정을 개선하는 데 적극 참여할 것입니다.”

3. 장기 목표(입사 후 5년 이상) : 리더십 발휘 및 치과 비전 기여에 집중!

자신이 궁극적으로 어떤 치과위생사로 성장하여 치과의 비전에 어떻게 기여할 것인지를 제시하자. 단순히 개인적인 성장뿐 아니라, 치과 전체의 발전과 환자 케어 향상에 초점을 맞추라.

● 핵심 키 리더십 발휘 및 치과 발전에 기여

“입사 5년 이상 후에는 특정 진료 파트의 리더로서 진료 시스템의 효율성과 서비스의 질을 극대화하고, 최신 치과 트렌드를 반영한 새로운 구강 보건 교육 프로그램 개발에 참여하여 (지원 치과명)의 경쟁력 강화에 이바지하고 싶습니다.”

● 핵심 키 연구 및 학술 활동 참여

“기회가 된다면 치과위생 관련 연구 활동이나 학술 발표에 참여하여, (지원 치과명)의 구강 보건 역량을 대외적으로 알리고 학술 발전에 기여하는 전문가가

되고 싶습니다."(특히 대형 치과병원이나 연구 중심의 기관 지원 시 효과적)

● 핵심 키 최고의 치과위생 전문가로서의 비전

"궁극적으로는 환자분들의 평생 구강 건강을 지키는 '예방 중심의 구강 건강 전문가'로서, 불편함 없이 밝고 건강한 미소를 유지할 수 있도록 돕는 (지원 치과명)의 핵심 인재가 되겠습니다. 끊임없이 배우고 발전하며 (지원 치과명)이 지역사회의 구강 건강 랜드마크로 자리매김하는 데 이바지하겠습니다."

4. 입사 후 포부 작성 시 유의 사항

● **구체성** : 막연한 표현("최선을 다하겠습니다", "열심히 배우겠습니다") 대신, "어떤 교육을 통해", "어떤 진료 보조 기술을 능숙하게" 등 구체적인 계획과 행동을 제시하라.

● **실현 가능성** : 허황된 목표보다는 현실적으로 달성 가능한 목표를 제시하여 신뢰감을 높여야 한다.

● **치과와의 연결성** : 자신의 포부가 지원하는 치과의 비전이나 발전 방향과 어떻게 연결되는지 항상 염두에 두고 작성하자. 이때 치과의 특성과 강점을 언급하면 더욱 효과적이다.

● **직무 연관성** : 치과위생사로서의 역할에 초점을 맞춰 직무와 직접적으로 관련된 포부를 밝히자.

간호조무사 자소서 작성

성장 과정

간호조무사 자기소개서에서 '성장 과정'은 지원자의 가치관, 인성, 그리고 직업윤리가 어떻게 형성되었는지를 보여 주는 중요한 항목이다. 단순히 연대기적인 사실 나열이 아니라, 자신의 가치관이나 특정 경험을 간호조무사 직무에 필요한 역량과 연결시키는 것이 관건이다.

1. 핵심 키워드부터 선정하라 : 나를 설명하는 가치관 또는 역량

성장 과정을 시작하기 전에, 간호조무사로서 중요한 나의 핵심 가치관

　　　　　　　　Part.2 본격적인 병원 자소서 작성

이나 역량 키워드를 한두 가지 선정한다. 이 키워드가 성장 과정 전체를 관통하는 주제가 되도록 구성하는 것이 좋다.

〈핵심 키워드〉

- 공감과 소통 : 타인의 아픔을 이해하고 효과적으로 소통하며 마음을 편안하게 해 주는 능력.
- 책임감과 꼼꼼함 : 맡은 업무를 완수하고, 세심한 주의를 기울여 오류를 방지하는 태도.
- 봉사 정신과 헌신 : 타인을 돕는 것에 보람을 느끼고, 긍정적인 자세로 임하는 마음.
- 긍정적 태도 : 어떤 상황에서도 밝고 희망적인 에너지를 유지하고 전달하는 능력.
- 문제 해결 능력 : 예상치 못한 상황에 침착하게 대처하고 해결책을 찾는 자세.
- 학습 의지 : 새로운 지식과 기술 습득에 대한 열정.

2. 구체적인 에피소드를 선정하고 STAR 기법을 활용하라

선정한 키워드를 가장 잘 보여 줄 수 있는 구체적인 에피소드를 한두 개 선택하여 STAR 기법으로 풀어낸다.

S/Situation	어떤 배경이었는지 구체적으로 설명한다.
T/Task	그 상황에서 달성해야 했던 목표나 과제가 무엇이었는지 제시한다.

| **A/Action** | 그 목표를 달성하기 위해 '내가' 어떤 구체적인 행동을 했는지 서술한다. |
| **R/Result** | 나의 행동으로 어떤 결과가 있었고, 무엇을 배우고 느꼈는지, 그리고 이것이 현재의 '나'에게 어떤 영향을 미쳤으며, 간호조무사 직무에 어떻게 연결되는지를 강조한다. |

3. 간호조무사 직무와의 연결성을 강조하라

아무리 좋은 경험이라도 간호조무사 직무와 연결되지 않으면 의미가 퇴색된다. 경험을 통해 배운 점이 간호조무사로서 어떤 강점이 되는지 명확하게 제시해야 한다.

••• 성장 과정 작성 예시 및 전략

1) 공감 능력과 친절한 소통을 강조하는 경우
(키워드 : 공감, 소통, 친절함) 

• STAR 기법 적용 예시

| **S/상황** | "초등학생 시절 감기에 걸려 기침을 심하게 하는 친구를 보고 마음이 아팠습니다. 친구가 힘들어하는 모습에 제가 할 수 있는 일이 없을까 고민했습니다." |
| **T/과제** | "단순히 걱정하는 것을 넘어, 친구가 조금이라도 편안함을 느끼고 빨리 회복할 수 있도록 작은 도움과 긍정적인 에너지를 주는 것이 저의 목표였습니다." |

A/행동	"저는 쉬는 시간마다 친구에게 따뜻한 물을 가져다주고, 불편한 자세로 엎드려 있는 친구의 등을 조심스럽게 쓸어 주며 '괜찮아질 거야'라고 다정하게 말했습니다. 점심시간에는 친구가 좋아하는 반찬을 챙겨 주며 억지로 먹이려 하기보다, '조금이라도 먹으면 힘이 날 거야'라며 격려했습니다. 친구가 저의 작은 보살핌에 고맙다며 환하게 웃었을 때, 타인을 배려하는 것이 얼마나 큰 기쁨인지 깨달았습니다."
R/결과 및 간호조무사 연관성	"이러한 경험을 통해 저는 상대방의 어려움에 깊이 공감하고, 진심 어린 소통과 배려로 위안을 주는 능력을 길렀습니다. 간호조무사는 환자분들의 신체적 불편함뿐만 아니라 심리적 불안감까지 헤아려야 한다고 생각합니다. 저의 이러한 공감 능력과 친절한 소통 방식은 (지원 병원명)에서 환자분들이 심리적으로 편안함을 느끼고, 치료에 대한 긍정적인 태도를 가질 수 있도록 돕는 데 큰 강점이 될 것입니다."

2) 책임감과 꼼꼼함을 강조하는 경우
(키워드 : 책임감, 꼼꼼함, 위생 의식)

・STAR 기법 적용 예시

S/상황	"고등학교 시절 저는 학교 과학실험실에서 조교 역할을 맡아 실험 도구 관리와 정리 업무를 담당했습니다. 다양한 실험 도구들을 안전하게 보관하고 다음 실험에 차질이 없도록 준비하는 것이 중요했습니다."
T/과제	"실험 도구의 청결과 안전성을 최우선으로 생각하며, 철저한 관리를 통해 다음 실험의 성공을 지원하는 것이 저의 목표였습니다."
A/행동	"저는 사용 후 실험 도구들을 종류별로 분류하고, 미세한 이물질이 남지 않도록 꼼꼼하게 세척한 뒤 건조기에 넣어 완벽하게 소독했습니다. 특히 유리 기구들은 깨지기 쉬워 보관

에 더욱 신경을 썼고, 칼이나 가위 등 위험한 도구들은 전용 함에 따로 보관하며 안전 수칙을 철저히 준수했습니다. 도구 목록을 수시로 점검하여 누락되거나 파손된 것이 없는지 확인하고, 주기적으로 재고를 파악하여 미리 채워 두는 습관을 들였습니다."

R/결과 및 간호조무사 연관성 "그 결과 제가 관리하는 동안 실험실 도구 관련 문제가 단 한 번도 발생하지 않았고, 선생님과 친구들로부터 '믿고 맡길 수 있다'는 신뢰를 얻었습니다. 이 경험을 통해 저는 맡은 업무에 대한 강한 책임감과 작은 부분까지 놓치지 않는 꼼꼼함을 기르게 되었습니다. 환자의 안전과 직결되는 간호조무사의 감염 관리 및 물품 정리 업무에 저의 이러한 책임감과 꼼꼼함은 (지원 병원명)에서 안전하고 위생적인 진료 환경을 조성하는 데 큰 강점으로 작용할 것입니다."

4. 성장 과정 작성 시 유의 사항

- **연대기적 나열 금지** : 단순한 사실 나열이 아닌, 특정 경험을 통한 가치관 형성 과정에 초점을 맞추라.
- **뻔한 이야기 지양** : 일반적인 '부모님의 가르침' 식의 내용은 피하고, 자신만의 특별한 에피소드를 제시하라.
- **직무 연결** : 모든 내용은 결국 간호조무사로서의 역량이나 태도와 어떻게 연결되는지 명확하게 밝혀야 한다.

장점과 단점

이 항목은 지원자가 자신을 얼마나 잘 이해하고 있으며, 그 성격이 간호조무사 직무 수행에 어떻게 긍정적 또는 부정적인 영향을 미칠 수 있는지 보여 주는 중요한 항목이다. 간호조무사의 직무 특성을 고려하여 솔직하면서도 전략적으로 작성하는 것이 핵심이다.

1. 장점은 직무 역량과 연결된 강점을 부각하라

간호조무사에게 요구되는 핵심 역량과 연결하여 자신의 장점을 구체적인 사례와 함께 제시해야 한다. 간호조무사로서의 핵심 역량은 다음과 같다.

- **환자 공감 및 친절한 소통** : 환자의 고통과 불안감을 이해하고, 따뜻하고 명확하게 소통하는 능력.
- **긍정적 태도** : 환자에게 희망과 용기를 전달하며 치료 참여를 유도.
- **협업 능력** : 의사, 간호사 등 의료진과의 원활한 의사소통 및 협력.
- **학습 의지** : 새로운 지식과 기술 습득에 대한 열정.

2. 장점 유형별 작성 예시 및 전략

장점   **환자 공감 능력과 따뜻한 소통**

1) 설명 : "저의 가장 큰 장점은 타인의 어려움에 깊이 공감하고, 진심을

담아 소통하며 마음을 편안하게 해 주는 능력입니다."

2) 예시 : "실습 당시 병원에 처음 입원하여 불안해하시던 어르신 환자분을 만났습니다. 저는 단순히 필요한 것을 챙겨 드리는 것을 넘어, 먼저 다가가 눈을 맞추고 '불편한 점은 없으신지', '어떤 이야기를 듣고 싶으신지' 세심하게 질문하고 경청했습니다. 어르신의 아픈 마음을 헤아려 작은 이야기에도 공감하며 '제가 옆에 있으니 걱정 마세요'라고 따뜻하게 말씀드렸습니다. 그 결과 어르신은 점차 안정을 찾고 치료에 긍정적인 태도를 보이셨습니다. 간호조무사는 환자의 신체적 케어뿐만 아니라 심리적 지지 또한 중요하다고 생각합니다. 저의 이러한 공감 능력과 따뜻한 소통 능력은 (지원 병원명)에서 환자분들이 심리적인 안정감을 느끼고 성공적인 치료를 받을 수 있도록 돕는 데 큰 강점이 될 것입니다."

장점 **꼼꼼함과 강한 책임감**

1) 설명 : "저는 어떤 일이든 꼼꼼하게 살피고 맡은 일에 대해 끝까지 책임지는 태도를 가지고 있습니다."

2) 예시 : "실습 시 약품 관리 업무를 담당했을 때, 약의 유효기간과 보관 방법을 두 번, 세 번 확인하며 정리했습니다. 또한 진료 후 기구를 소독할 때는 매뉴얼에 따라 모든 절차를 빠짐없이 지키고, 멸균 여부를 최종적으로 확인하는 습관을 들였습니다. 환자의 안전과 직결되는 의료 현장에서 꼼꼼함과 책임감은 무엇보다 중요하다고 생각

　　　　　　　　　　　Part.2 본격적인 병원 자소서 작성

합니다. 저의 이러한 꼼꼼함과 강한 책임감은 (지원 병원명)에서 오류 없는 진료 보조와 철저한 감염 관리를 통해 환자분들께 안전하고 신뢰할 수 있는 의료 서비스를 제공하는 데 기여할 것입니다."

3. 단점은 직무에 치명적이지 않으며, 개선 의지가 보이도록 작성하라

단점은 솔직하되 간호조무사 직무 수행에 치명적이지 않은 것을 선택하고, 반드시 개선하기 위한 노력과 구체적인 방안을 함께 제시해야 한다.

4. 단점 유형별 작성 예시 및 전략

단점 새로운 환경에 대한 초기 적응 시간(→ 신중함의 양면성)

1) 설명 : "저는 새로운 환경이나 업무에 적응하는 데 다소 시간이 걸리는 편입니다."

2) 예시 : "이는 익숙하지 않은 것에 대한 신중함에서 비롯되지만, 빠르게 돌아가는 의료 현장에서는 때로 비효율적일 수 있습니다. 이러한 단점을 보완하기 위해 현재는 새로운 업무를 접할 때마다 관련 매뉴얼을 꼼꼼히 숙지하고, 선배들의 업무 방식을 관찰하며 스스로 충분히 학습하는 노력을 하고 있습니다. 실습을 할 때도 틈틈이 병원의 업무 프로세스나 사용 장비에 대해 미리 공부하며 적응 시간을 단축하려 했습니다. 입사 후에는 저의 신중함을 바탕으로 실수를 줄이되, 적극적인 학습 자세와 질문을 통해 병원의 시스템에 빠르게 녹

아들어 업무 효율성을 높이는 간호조무사가 되겠습니다."

5. 성격의 장단점 항목 작성 시 유의 사항

- **직무 연관성** : 장점은 직무 수행에 긍정적인 영향을, 단점은 직무 수행에 치명적이지 않은 것을 선택하고 반드시 개선 노력을 포함해야 한다.
- **구체적인 사례** : 추상적인 묘사보다는 실제 경험을 바탕으로 한 구체적인 사례를 제시하여 설득력을 높이는 것이 중요하다.
- **솔직함과 진정성** : 억지로 없는 장점을 만들거나 단점을 숨기기보다, 자신의 모습을 있는 그대로 보여 주되 발전 가능성을 강조하라.
- **단점의 긍정적 전환** : 단점을 통해 오히려 자기 성찰 능력, 문제 인식 능력, 발전 의지를 보여 줄 수 있도록 작성해야 한다.
- **간결하고 명확하게** : 핵심 내용을 명확하게 전달하며, 한 문단 내에서 장점과 단점을 모두 설명하는 것이 좋다.

지원 동기

'지원 동기'는 지원자가 왜 간호조무사의 길을 선택했는지, 그리고 왜 이 병원(기관)에 지원하게 되었는지를 보여 주는 가장 중요한 항목이다.

1. 간호조무사 직무에 대한 본질적 이해와 열정을 드러내라

　　　　　　　　　　　　Part.2 본격적인 병원 자소서 작성

‘왜 간호조무사인가?’로 시작하여 ‘의료 보조 역할’이라는 생각보다는, ‘환자의 가장 가까이에서 신체적, 정서적 어려움을 살피고 회복을 돕는 의료의 중요한 조력자’라는 간호조무사의 사명감과 중요성을 인지하고 있음을 보여 주어야 한다.

　◐예시 : “환자분들의 가장 가까이에서 그들의 아픔에 공감하고, 회복을 돕는 간호조무사의 역할에 깊은 매력을 느꼈습니다. 특히 단순한 의료 보조를 넘어 환자분들이 심리적인 안정감을 느끼고 긍정적인 마음으로 치료에 임할 수 있도록 돕는 간호조무사의 세심한 손길과 따뜻한 소통의 중요성에 강한 사명감을 느끼게 되었습니다”와 같이 직무의 가치를 높이 평가하고 있음을 밝히는 것이 좋습니다.

2. 간호조무사에 대한 흥미와 적성 발견 계기를 구체화하라

언제, 어떤 계기로 간호조무사의 길을 걷게 되었는지 구체적인 경험을 제시하라. 이는 진정성을 더하는 중요한 요소이다.

　◐예시 : “고령의 할머니께서 병원에 입원하셨을 때, 간호조무사 선생님께서 할머니의 작은 불편함까지 놓치지 않고 먼저 다가와 손을 잡아 드리며 안심시켜 드렸던 경험이 있습니다. 그때 ‘나의 작은 관심과 보살핌이 환자에게 큰 위로가 될 수 있다’는 것을 깨닫고 간호조무사라는 직업에 깊은 감명을 받아 이 길을 걷기로 결심했습니다.”

이처럼 의료봉사 경험, 주변 지인의 간호 경험, 병원 방문 시 인상 깊었던 경험 등 개인적인 계기를 간호조무사라는 직업과 연결하여 진정성을 더할 수 있다.

3. 지원 병원(기관)에 대한 철저한 분석이 우선이다

'왜 이 병원을 선택했는가?'에 대한 명확한 답이 필수적이다. 따라서 지원하는 병원(의원)의 특성과 강점(미션, 비전, 특화 진료 분야, 환자 중심 철학, 의료진 구성, 지역사회 기여 등)을 면밀히 분석하고, 자신의 역량과 가치관이 어떻게 부합하는지 연결해야 한다. 이는 병원에 대한 관심과 이해도를 보여 주는 중요한 부분이다.

〈병원 분석 포인트〉

- 특정 진료 분야 : 해당 병원이 내과, 외과, 소아과, 재활의학과 등 특정 진료에 강점을 가진다면, 이에 대한 자신의 관심과 기여 의지를 표현하라.
- 환자 중심 철학/친절 서비스 : "환자 만족도 최우선", "따뜻한 진료" 등을 강조하는 병원이라면, 자신의 친절함이나 공감 능력을 연결하라.
- 최신 시설/시스템 도입 : 스마트 의료 시스템, 쾌적한 시설 등을 강조하는 곳이라면, 새로운 환경 적응 및 학습 의지를 어필하자.
- 의료진 구성 및 협력 : 전문의 협진, 체계적인 교육 등을 강조하는 곳이라면, 팀워크 능력이나 학습 의지를 연결하라.
- 정보 출처 : 병원 홈페이지, 블로그, 환자 후기, 뉴스 기사 등을 통해 병원의 특장점을 구체적으로 찾아내 언급하면 금상첨화다.
- ✚예시 : "특히 (지원 병원명)은 (특정 진료 분야. 예 : 어르신 전문 진료)에 대

한 풍부한 임상 경험과 (환자 중심 진료 철학. 예 : '내 가족처럼 따뜻하게'라는) 비전에 깊이 공감했습니다. 저는 (지원 병원의 특징에 대한 본인의 구체적인 관심사. 예 : 체계적인 환자 교육 프로그램, 쾌적하고 안락한 입원 환경 등)을 통해 환자분들께 최상의 의료 서비스를 제공하고자 하는 (지원 병원명)의 비전에 저의 (강점/역량)을 바탕으로 기여하고 싶어 지원하게 되었습니다."

4. 자신의 역량과 강점을 병원의 요구 사항에 맞춰 연결하라

간호조무사에게 요구되는 핵심 역량(공감 능력, 소통 능력, 친절함, 책임감, 꼼꼼함, 위생 의식, 문제 해결 능력, 학습 의지 등) 중 자신의 강점을 선택하여 제시한다. 이러한 강점이 해당 병원의 간호조무사로서 어떻게 발휘될 수 있을지 아래 예시처럼 구체적으로 연결하자.

❍예시 : "실습 중 (환자분들의 작은 불편함도 놓치지 않고 먼저 다가가 해결했던 경험)이나 (정확한 바이탈 체크와 철저한 기구 소독을 통해 감염 관리에 기여했던 경험)을 통해 길러진 저의 (환자 공감 능력과 세심한 업무 처리 능력)은 (지원 병원명)에서 환자분들께 안전하고 편안한 의료 서비스를 제공하는 데 큰 도움이 될 것이라 생각합니다."

5. 지원 동기 작성 시 유의 사항

- **진정성과 솔직함** : 꾸며내기보다는 자신의 실제 경험과 생각을 바탕으로 작성해야 면접에서도 일관성 있고 진정성 있는 모습을 보여 줄 수 있다.

- **구체적인 경험** : 추상적인 표현("직무에 대한 열정")보다는 실제 경험(실습, 봉사, 개인 학습 등)을 바탕으로 구체적인 상황, 자신의 역할, 결과, 그리고 배운 점을 명확히 제시하라.

- **참신한 문구로 시작** : 자기소개서의 첫 문장은 채용 담당자의 시선을 사로잡을 수 있도록 흥미롭고 인상 깊게 작성하는 것이 좋다.

- **간결하고 명확하게** : 불필요한 미사여구를 줄이고, 핵심 내용을 간결하고 명확하게 전달하는 데 집중하자.

경험

'경험' 항목은 지원자가 직무에 필요한 실제적인 역량을 갖추고 있음을 보여 주는 가장 중요한 부분이다. 단순히 어떤 경험을 했는지 나열하는 것을 넘어, 그 경험을 통해 무엇을 배우고 어떻게 성장했는지를 간호조무사 직무와 연결하여 구체적으로 보여 주어야 한다.

1. 경험 작성의 기본 원칙인 STAR 기법을 활용하라

S/Situation	어떤 상황이었는지 배경을 설명한다.(언제, 어디서, 누구와)
T/Task	주어진 과제나 달성해야 할 목표가 무엇이었는지 명확히 제시한다.
A/Action	그 상황에서 목표 달성을 위해 '내가' 어떤 구체적인 행

　　　　Part.2　본격적인 병원 자소서 작성

| R/Result | 동을 했는지 구체적으로 기술한다.(액션이 가장 중요하며, '나'의 역할을 명확히!)
나의 행동으로 어떤 결과가 있었는지 구체적인 성과를 제시한다.(수치화 가능한 결과면 더욱 좋다). 특히 그 경험을 통해 무엇을 배우고 느꼈는지, 그리고 배운 점이 간호조무사 직무에 어떻게 적용될 수 있는지를 꼭 연결해야 한다. |

2. 간호조무사만의 경험 작성 전략

어떤 유형의 경험이든 간호조무사 직무에 필요한 역량과 연결시켜 설명하는 것이 중요하다.

1) 실습 경험

간호조무사에게 가장 직접적이고 중요한 경험이다. 특정 진료과 또는 병동에서의 경험, 환자 응대, 기본 간호 업무, 감염 관리 등을 강조하자.

- **강조 포인트** : 실제 의료 현장 적응력, 기본 간호 보조 기술 숙련도, 환자별 특성 파악 및 맞춤 응대, 환자 소통 및 심리적 지지 능력, 감염 관리 의식, 의료진과의 협업 경험.
- STAR 기법 적용 예

| S/상황 | "종합병원 (내과 병동) 실습 당시, 거동이 불편하신 고령 환자분들의 일상생활 보조 및 활력징후 측정 업무를 담당했습니다." |
| T/과제 | "환자분들이 불편함 없이 안정적으로 입원 생활을 하실 수 있도록 정확하고 안전하게 간호 보조 업무를 수행하고, 정서 |

A/행동	"저는 매일 아침 환자분들의 혈압과 체온을 측정할 때, 단순히 수치를 기록하는 것을 넘어 환자분의 안색과 표정을 살피며 불편한 점은 없는지 세심하게 질문했습니다. 특히 낙상 위험이 있는 환자분께는 침상 난간을 항상 올리고, 화장실 이용 시 반드시 동행하는 등 안전 수칙을 철저히 준수했습니다. 식사 시간이 되면 스스로 드시기 힘든 환자분들을 위해 음식물을 잘게 잘라서 드리고, 천천히 대화하며 식사를 독려했습니다. 간호사 선생님께는 환자분의 작은 변화라도 즉시 보고하며 팀워크의 중요성을 배웠습니다."
R/결과 및 간호조무사 연관성	"그 결과 제가 담당했던 환자분들은 '덕분에 마음이 편안하다'며 감사의 말씀을 해 주셨고, 실습 평가에서도 '환자 공감 능력이 뛰어나다'는 긍정적인 피드백을 받았습니다."

2) 아르바이트/봉사 활동(의료 외 분야 포함)

직접적인 의료 경험이 아니더라도, 직무와 관련된 역량(서비스 마인드, 책임감, 문제 해결, 소통, 꼼꼼함, 위생 의식 등)을 연결하여 기술할 수 있다.

- **강조 포인트** : 고객/내방객 응대(환자/보호자 응대 역량으로 연결), 위생 관리, 문제 해결, 팀워크, 꼼꼼한 정보 처리, 위기 대처 능력.

- **STAR 기법 적용 예**

S/상황	"카페에서 1년 동안 아르바이트를 하며 주문 접수, 음료 제조, 매장 위생 관리 업무를 담당했습니다."
T/과제	"바쁜 시간대에도 정확하고 신속하게 주문을 처리하고, 위생적이고 쾌적한 매장 환경을 유지하여 고객 만족도를 높이는

A/행동	것이 저의 목표였습니다." "저는 고객의 주문을 받을 때 메모를 습관화하고, 바쁜 와중에도 반드시 다시 한 번 확인하며 주문 오류를 최소화했습니다. 특히 음료 제조 시에는 손 소독과 마스크 착용을 철저히 하고, 컵과 기구들을 매시간 소독하여 교체하는 등 위생 관리에 만전을 기했습니다. 갑자기 많은 손님이 몰려들거나 예상치 못한 기계 고장이 발생했을 때도, 당황하지 않고 매뉴얼에 따라 침착하게 대처하며 동료들과 협력하여 상황을 해결했습니다."
R/결과 및 간호조무사 연관성	"그 결과 제가 근무하는 동안 고객 설문조사에서 위생 만족도가 (수치화 가능한 결과. 예 : 95% 이상)으로 높게 유지되었고, '책임감이 강하다'는 평가를 받았습니다. 이 경험을 통해 정확한 업무 처리 능력, 철저한 위생 관리 의식, 그리고 어떠한 상황에서도 침착하게 대응하는 문제 해결 능력을 길렀습니다. 간호조무사로서 환자의 안전과 직결되는 감염 관리와 위급 상황 대처에 저의 이러한 역량을 적극 활용하겠습니다."

3. 경험 항목 작성 시 유의 사항

- **핵심 역량 연결** : 모든 경험은 간호조무사로서의 필요한 역량(환자 공감, 소통, 책임감, 꼼꼼함 등)과 연결시켜 설명하라.

- **구체적인 내용** : "무엇을Action 했고, 어떤 결과를(Result) 얻었는지"를 육하원칙에 따라 구체적으로 작성하라.

- **수치화된 성과** : 가능한 한 수치나 객관적인 지표를 사용하여 성과를 명확히 보여 주어야 한다.(예 : "만족도 90% 달성", "오류율 5% 감소")

- **'나'의 역할 강조** : 팀 프로젝트나 단체 활동이라도 '내가' 어떤 역할을

했고, '나'의 기여가 무엇이었는지를 명확히 드러내라.

- **배운 점과 적용 의지** : 경험을 통해 무엇을 배우고 성장했으며, 그 배운 점이 입사 후 병원(기관)에서 간호조무사로서 어떻게 기여할 수 있을지 반드시 언급하자.

- **직무와 무관한 경험의 재해석** : 직접적인 직무 경험이 아니더라도, 그 경험을 통해 얻은 역량을 간호조무사 업무와 연결해 기술하자.

입사 후 포부

'입사 후 포부' 항목은 지원자가 병원(의원)에 기여하고 싶다는 의지와 함께, 간호조무사로서 어떻게 성장해 나갈지를 보여 주는 항목이다. 단순히 "열심히 하겠습니다"를 넘어, 구체적인 목표와 계획을 제시하여 지원자의 직무 이해도와 발전 가능성을 효과적으로 어필해야 한다.

1. 단기 목표(입사 후 1~3년) : 기본 숙련 및 조직 적응에 집중하라

입사 초기에는 병원 시스템에 빠르게 적응하고, 간호조무사의 기본적인 역할과 업무에 대한 숙련도를 높이는 데 집중하겠다는 의지를 보여 주는 것이 좋다.

- **핵심 키** 병원 시스템 및 환자 응대 프로토콜 완벽 숙지

"입사 후 1년 이내에는 (지원 병원명)의 EMR(전자의무기록) 시스템, 진료 프로세스, 환자 응대 매뉴얼 등 병원 고유의 시스템과 업무 흐름을 완벽히 숙지하겠습니다."

"각 진료과(또는 병동)의 특성을 파악하고, 숙련된 선배 간호사 및 간호조무사들의 노하우를 적극적으로 배우며 현장에 빠르게 적응할 것입니다."

● 핵심 키 **기본 간호 및 진료 보조 업무 숙련도 향상**

"바이탈 체크, 검사 및 처치 보조, 환자 이송, 환경 정리 등 기본적인 간호 보조 업무를 정확하고 능숙하게 수행하여 진료의 효율성을 높이고 환자분들의 불편을 최소화하겠습니다."

"매일 환자분들과 소통하며 친절하고 편안한 분위기를 조성하고, 작은 목소리에도 귀 기울이며 환자 중심의 서비스를 제공하는 데 집중하겠습니다."

● 핵심 키 **감염 관리 및 환자 안전 의식 함양**

"환자 안전 수칙 및 감염 관리 원칙을 철저히 준수하고, 진료에 사용되는 기구의 멸균 소독 과정을 완벽하게 수행하여 안전하고 위생적인 진료 환경 조성에 기여하겠습니다. 또한 환자 정보 보호 등 직업윤리를 철저히 지키며 신뢰받는 간호조무사가 되겠습니다."

2. 중기 목표(입사 후 3~5년) : 전문성 심화 및 문제 해결 능력 향상에 집중하라

어느 정도 업무에 익숙해진 후에는 특정 간호조무 분야의 전문성을 심

화하고, 병원 및 환자 만족도 향상에 기여할 수 있는 구체적인 방안을 제
시한다.

● 핵심 키 특정 분야 전문성 심화 및 최신 지식 습득

"입사 3년 후에는 (지원 병원의 특화 진료 분야 또는 본인의 관심 분야. 예 : 외과 수
술 보조, 내과 만성질환 관리, 소아과 환자 케어, 응급실 보조 등)에 대한 전문성을
심화하기 위해 관련 교육 프로그램 이수, 내부 스터디 참여 등 적극적인 자기
개발을 통해 전문성을 강화하겠습니다."

"새로운 의료 기술이나 장비 도입 시, 선제적으로 학습하고 능숙하게 활용하여
변화하는 의료 환경에 발 빠르게 적응하겠습니다."

● 핵심 키 환자별 맞춤 케어 및 문제 해결 기여

"환자 개개인의 상태와 특성을 고려한 가장 효과적인 간호 보조 계획을 수립
하고, 환자분들의 불편 사항이나 요구를 적극적으로 경청하고 해결하는 데 집
중하겠습니다."

"환자 만족도를 높이기 위한 대기 시간 관리, 상담 프로세스 개선, 환자 교육
자료 정리 등에 적극적으로 참여하고 제안하겠습니다."

3. 장기 목표(입사 후 5년 이상) : 리더십 발휘 및 미래 설계에 집중하라

궁극적으로 어떤 간호조무사로 성장하여 병원의 비전에 어떻게 기여
할 것인지를 제시하자. 여기서는 단순히 개인적인 성장뿐 아니라, 병원 전

체의 발전과 환자 케어 향상에 초점을 맞추는 것이 중요하다.

- **리더십 발휘 및 병원 발전에 기여**

"입사 5년 이상 후에는 특정 진료과(또는 병동)의 핵심 간호조무사로서 업무 효율성과 서비스의 질을 극대화하고, 더 나은 환자 경험을 위한 새로운 서비스 개선 아이디어를 제안하여 (지원 병원명)의 경쟁력 강화에 이바지하고 싶습니다."

- **평생 학습 및 전문가로서의 비전**

"끊임없이 배우고 발전하며, 변화하는 의료 트렌드에 발맞춰 최신 지식과 기술을 습득하는 데 게을리하지 않겠습니다."

"궁극적으로는 환자분들에게 가장 믿음직하고 따뜻한 간호 서비스를 제공하는 '환자 중심의 간호조무사'로서, (지원 병원명)이 지역사회 주민들에게 사랑받는 의료기관으로 자리매김하는 데 핵심적인 역할을 하겠습니다."

4. 입사 후 포부 작성 시 유의 사항

- **구체성** : 막연한 표현("최선을 다하겠습니다", "열심히 배우겠습니다") 대신, "어떤 교육을 통해", "어떤 진료 보조 기술을 능숙하게" 등 구체적인 계획과 행동을 제시하자.
- **실현 가능성** : 너무 허황된 목표보다 현실적으로 달성 가능한 목표를 제시하여 신뢰감을 높여라.
- **병원과의 연결성** : 자신의 포부가 지원하는 병원의 비전이나 발전 방

향과 어떻게 연결되는지 항상 염두에 두고 작성하라. 병원의 특성과
강점을 언급하면 더욱 효과적이다.

- **직무 연관성** : 간호조무사의 역할에 초점을 맞춰 직무와 직접적으로
  관련된 포부를 밝혀야 한다.

- **긍정적이고 적극적인 태도** : 새로운 지식을 습득하고 변화에 기여하려
  는 강한 의지를 보여 주자.

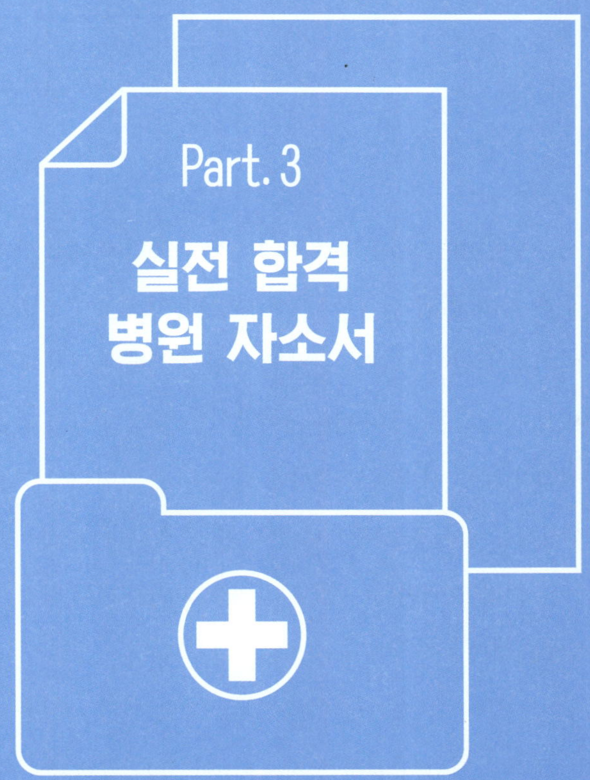

Part. 3
실전 합격
병원 자소서

이 챕터에서는 실제 합격한 지원자들의 자소서를 통해 성공하는 자소서 작성법을 익혀 보고자 한다. 간호, 물리치료, 방사선, 작업치료, 임상병리 등 직무별로 합격한 실제 자소서 문항을 그대로 발췌하였으므로 취준생들에게 실질적인 도움을 줄 수 있으리라 확신한다.

일반적으로 자소서는 문항별로 글자 수가 정해져 있고, 기준을 맞추지 않으면 입력 자체가 되지 않으므로 정해진 글자 수 안에서 최적의 필수, 핵심 문장들로 구성해 내는 연습이 필요하다. 따라서 글자 수는 항상 염두에 두어야 한다.

이런 점에서 취준생 여러분들이 글자 수도 정확히 맞춘 아래 예시들을 통해 반복 학습한다면, 문항에 적합한 효과적인 자소서 작성이 가능하리라 굳게 믿는다. 여기에서 말하는 '반복 학습'이란 이 책에서 제시하는 대표적인 합격 자소서들을 직접 필사하거나 자신의 경험, 특기, 상황 등을 이와 비교해서 작성해 보는 것을 말한다.

공부에는 별다른 왕도王道가 없듯 자소서 학습도 마찬가지다. 이미 합격한 좋은 자소서를 많이 읽고, 쓰고, 나와 비교해서 생각해 보는 등 시간을 들여 학습하는 수밖에 없다.

이번 챕터에서 제시하는 모든 자소서들은 가장 최신(2024년도)의 자료들로 구성했으며, 실제 합격자의 세부 인적 사항을 적어 취준생 여러분들이 자신의 스펙과 비교 분석해 볼 수 있도록 했다.

취준생들은 해당 분야에서 대표적으로 출제되는 문항을 자주 접하는 것이 가장 중요하다. 특히 자신이 지원할 직무에 대해서 눈여겨보아 실제 자소서 작성에 적용할 수 있는 안목을 키우는 것이 관건이다. 이에 자신의 직무 특성을 정확히 인지하고 최대한 자소서에 반영할 수 있도록 병원별, 직무별로 구성했다.

그럼, 지금부터 다음의 실제 합격 자소서들을 꾸준히 익혀 보자.

서울아산병원

〈지원 병원 및 인적 사항〉

● 기본 정보 : 서울아산병원 / 간호사 / 2024 상반기

● 합격자 정보 : 서울 4년제 상위권 / 간호학과 / 학점 3.68 / 토익 : 960

문항 1〉 자신의 성장 과정, 지원 동기, 장점 및 단점, 취미, 희망 업무 및 포부, 기타 특기 사항을 기술하시기 바랍니다.(최대 2500자)

[성장 과정]

인간은 그 자체로 목적입니다. 인간은 수단이 될 수 없습니다. 이러한

　　　　　　　　

관점에서 저는 인간의 삶을 증진시키는 것이야말로 가장 가치 있는 것이라는 저의 신념에 따라 간호학과에 진학하였습니다. 진학 후에는 실패를 통해 배운다는 생각 아래 최대한 많은 경험을 통해 성장하려고 노력하였습니다. 이에 지역사회 간호, 교육, 창업 등 간호를 적용할 수 있는 여러 분야에 도전하며, 적성과 흥미에 대해 깊이 고민했습니다. 그러던 중 병태생리, 성인간호학 같은 임상 과목을 배우며, 관찰된 증상들을 종합하고 분석하여 합리적인 판단을 내리는 과정에 흥미를 느꼈는데, 이는 곧 적극적이고 능동적인 학습으로 이루어졌고, 자연스럽게 학업 성취도 역시 오르게 되었습니다. 무엇보다 병원 실습을 시작한 후에는 지금까지의 고민을 잊을 정도로 임상 현장에서 간호가 갖는 전문성에 깊이 매료되었는데, 불치병이라고 생각하여 좌절하던 환자들이 수술이 가능하다는 사실 하나만으로도 삶의 의지를 되찾는 것을 두 눈으로 확인하며 의료 현장에서 일하는 것이 저의 소명이자 사명임을 깨닫게 되었습니다.

[희망 업무 및 포부]

현장 실습을 통해 중환자실, 그 가운데에서도 수술 환자의 전후 간호를 맡는 외과계 중환자실 간호사로 일하고자 하는 꿈을 키우게 되었습니다. PICU 및 NICU 실습 당시, 간호사 선생님께서 "지금 상황에서 간호의 우선순위는 무엇인지? 그 이유는 무엇인지?"에 관해 쉬지 않고 질문하신 적이 있습니다. 앞으로 저는 이러한 근원적 물음에 깊이 고민하며 이론적 내용, 관찰한 내용들을 통합적으로 이해하고, 이를 바탕으로 신속하고 정확한 판단을 내리는 중환자실 간호사가 되고 싶습니다. 특히 중증도가 높은 환자들에게 예상되는 위험을 조기에 발견하고, 다른 의료진들에게 주체적으로 care plan을 제시하는 우수한 중환자실 간호사가 되고자 합니다. 이를 바탕으로 궁극적으로는 임상 현장에서의 훈련과 경험을 토대로, 변화하는 의료 환경에 새로운 간호 표준을 마련할 수 있는 최고 수준의 간호사가 되고 싶습니다.

[지원 동기]

무엇보다 서울아산병원은 전문적인 간호사로서의 성장뿐 아니라 동료들 간 서로 배우며 성장하는 곳이 되리라 생각하여 지원했습니다. 서울아산병원은 연간 5만 5000건에 달하는 고난도 수술을 성공시키는 세계 최고 수준의 기술을 보유한 병원입니다. 특히 아산병원은 국내에서 가장 중증도가 높은 질환들을 다루는 만큼 중환자 간호사로서의 전문성을 기를 수 있는 최고의 환경이라고 생각합니다. 따라서 그 어떤 병원보다 많은 임상을 경험하며 성장할 수 있는 곳이라 판단했습니다. 그간 저는 다양한 대내외 활동을 통해 함께 일하는 동료들의 역량 및 동기 부여 상태에 따라 조직 내 성과가 달라지는 것을 경험하였습니다. 끊임없이 변화하고 혁신해 나가는 의료 현장에서 구성원들의 높은 동기 부여 및 업무 몰입도를 제공하는 아산병원의 시스템은 최선을 다해 간호에 매진하고자 하는 저의 가치관과 가장 부합한다고 확신합니다.

     Part.3 실전 합격 병원 자소서

[취미 및 특기]

의료 현장에서 보고 배운 다양한 경험과 그때의 감정을 기록하려는 과정에서 글쓰기라는 취미를 갖게 되었습니다. 그날 힘들었던 일 등을 차곡차곡 기록하며 스트레스를 풀기 위해 시작한 글쓰기는 1000시간의 실습 끝에 총 8권이 넘는 일지로 남았습니다. 특히 제가 몰랐던 것, 후회되는 것들을 복기하고, 다음에는 어떻게 더 나아질 수 있을지를 일지를 통해 반추하고 실제 업무에 반영해 볼 수 있었습니다. 이러한 자기 성찰을 통해 가치관을 정립해 나가며 진정한 나에 대해 알아가는 즐거움을 느끼게 되었습니다.

[장점 및 단점]

저의 가장 큰 장점은 매사 도전적인 자세로 실패를 두려워하지 않는 태도를 견지하고 있다는 점입니다. 대학 시절, 교내 핵심 간호 술기 시험 중에 외과적 손 씻기 부분에서 저를 포함한 팀원들은 교수님으로부터 멸균 유지와 관련된 수십 가지가 넘는 개선 사항을 전달 받은 경험이 있습니다. 대다수는 시험이 너무 어려웠다며 좌절했지만, 저는 지적 내용을 전부 수첩에 기록해 그날 안으로 개선하려고 노력했습니다. 이와 같은 노력 덕분에 다음 날 수술장에서 집도의 교수님께서 실습생 중 외과적 손 씻기를 할 줄 아는 사람이 있느냐고 물으셨을 때 자신 있게 자원할 수 있었습니다. 이후 저는 멸균 영역 내에서 suction을 보조하며 수술에 직접 참여할 수 있었으며, 수술의 흐름을 배우는 기회를 얻게 되었습니다. 이와 같은 성공 경험은 위기와 역경을 오히려 개인적인 성장과 발전의 기회로 받아들이는 태도를 키워 주었습니다. 반면, 누군가의 부탁을 좀처럼 거절하지 못하는 성격은 단점입니다. 이러한 성격 탓에 팀 프로젝트에서는 주변의 무리한 업무와 부탁을 자주 맡게 되었습니다. 그러나 학생회 임원으로서 교내외 여러 현장에서 다양한 일을 맡으면서 팀에 진정 보탬이 되는 방안은 상황에 따라 불필요한 일과 역량 밖의 일, 공동체에 피해를 줄 수 있는 일은 단호히 거절해야 함을 배웠습니다. 이후 저의 능력 범위를 정확히 파악해 할 수 있는 일과 그렇지 않은 일을 잘 구별해 집중해 가고 있습니다.

문항 2) 본원의 핵심 가치 중 자신과 가장 부합하다고 생각하는 가치를 선택하여 그 이유를 경험을 토대로 서술하시기 바랍니다.(최대 1500자)

아산병원의 다양한 가치 중 저와 가장 잘 어울리는 것은 공동체 중심적 사고라고 생각합니다. 저는 사람들과 어울리면서 공동의 목표를 이루어 갈 때 가장 많은 동기부여를 받기 때문입니다. 이러한 성격을 바탕으로 중학교 때부터 대학 진학 후까지 꾸준히 오케스트라에서 다양한 협주 및 협연을 하며 책임감을 기르고, 팀워크의 기본이 되는 두 가지 원칙을 세워 지키고 있습니다. 첫 번째는 팀원 간 업무의 흐름에 대한 공통적인 이해를 바탕으로 정확하고 효율적인 의사소통을 하는 것입니다. 특히 갈등 상황에서는 타인의 의견을 의식적으로 경청하고 있는데, 이 첫 번째 원칙을 적용하여 업무 능률을 높인 경험이 있습니다. 당시 3명의 팀원이 150

　　　　　　Part.3 실전 합격 병원 자소서

여 명의 독거노인에게 포괄적 노인 평가(CGA)를 수행하는 연구에서, 초반에 검사 내용을 3개 파트로 나눠, 팀원 모두가 하루씩 모든 파트를 수행해 보았습니다. 이를 통해 모든 팀원이 각 파트별 검사의 특징과 소요 시간을 파악하고, 공통으로 해결할 수 있는 문항들을 확인하여, 한쪽에서 지연이 일어나더라도 다른 팀원이 검사의 연속성을 이어갈 수 있었습니다. 그 결과 단순히 기계적인 분업을 한 팀들에 비해 신속하고, 정확하게 연구를 진행할 수 있었습니다. 다음으로 두 번째 원칙을 통해서는 갈등을 해결하고 위기를 기회로 바꿀 수 있었습니다. 간호관리학 실습 중에 공격적인 태도를 지닌 한 팀원으로 인해 팀 내 분위기가 흐려지고 팀원 간 감정적으로 격한 갈등이 일어났던 적 있습니다. 이때 저는 리더로서 프로젝트를 성공적으로 달성하기 위해서는, 팀원에 맞서 공격하거나 문제를 일으킨 팀원을 즉시 배제하기보다는, 행동 발생에 대한 원인을 파악하고 그 사람에게서 자발적인 협력을 이끌어 내야 한다고 생각했습니다. 이에 해당 팀원에게 어떠한 스트레스와 어려움이 있는지 직접 답변할 기회를 주고, 이를 경청하려고 노력하였습니다. 나아가 프로젝트 진행 사항에 대한 팀원들의 의견을 한층 적극적으로 물어보며, 가능한 한 모두의 의견을 반영하려고 했습니다. 이처럼 먼저 손을 내밀어 소통하고 문제를 해결하고자 하는 태도를 취하였기에 감정의 골이 더 깊어지지 않을 수 있었으며, 문제가 있었던 팀원들의 화해는 물론, 보다 적극적이고 능동적인 참여를 이끌어 낼 수 있었습니다. 결과적으로 저희 팀은 고른 기여로 완성도 높은 보고서를 제출할 수 있었습니다. 입사 후에는 이와 같은 경험을 통해 공동체 중심의 사고를 하는 준비된 간호사로서 고객 만족에 기여할 수 있도록 최선을 다 하겠습니다.

중앙대학교병원

〈지원 병원 및 인적 사항〉

- 기본 정보 : 중앙대학교병원 / 간호사 / 2024 하반기
- 합격자 정보 : 서울 4년제 중상위권 / 간호학과 / 학점 4.01

문항 1〉 자신의 성장 과정을 600자 이내로 기술하시기 바랍니다.

어릴 적부터 저는 사람들의 어려움을 외면하지 못하고, 작은 도움이라도 주려고 노력하는 아이였습니다. 특히 할머니께서 오랜 투병 생활을 하실 때, 곁에서 간병하시는 어머니의 헌신적인 모습을 보며 간호사의 꿈을 키웠습니다. 이를 통해 단순히 질병을 치료하는 것을 넘어, 환자의 고통을 공감하고 정서적으로 지지하는 것이 얼마나 중요한지 깨달았습니다. 고등학교 시절에는 지역 사회복지관에서 꾸준히 봉사 활동을 하며 노인분들의 말벗이 되어 드리고, 식사를 돕는 등 실질적인 나눔을 실천했습니다. 이 과정에서 타인의 어려움을 헤아리고, 작은 손길이 큰 위로가 될 수 있음을 다시 한 번 체감했습니다. ○○대학교의 간호학과에 진학한 후에는 전공 지식 습득에 매진하는 한편, 다양한 임상 실습을 통해 실제 환자들을 마주하며 이론과 실제의 간극을 줄여 나갔습니다. 특히 소아과 병동 실습 중에는 울음을 그치지 않던 아이에게 동화책을 읽어 주고 함께 놀아 주며 아이가 웃음을 되찾는 모습을 보면서 큰 보람을 느꼈습니다. 이러한 경험들은 저에게 따뜻한 공감 능력과 강한 책임감을 길러 주었으며, 환자의 몸과 마음을 치유하는 진정한 간호사가 되겠다는 저의 비전을 더욱 확고히 해 주었습니다. 저는 이처럼 타인에 대한 깊은 이해와 헌신적인 태도를 바탕으로 환자 중심의 간호를 실현하는 간호사가 되고자 합니다.

문항 2) 자신의 장점과 단점을 600자 이내로 기술하시기 바랍니다.

저의 가장 큰 장점은 탁월한 공감 능력과 뛰어난 문제 해결 능력입니다. 환자의 미묘한 표정 변화나 작은 신호도 놓치지 않고 공감하며, 이를 바탕으로 환자의 필요를 선제적으로 파악하고 해결하려 노력합니다. 대학병원 신경외과 실습 당시, 수술 후 극심한 통증과 불안감을 호소하며 예민해진 환자분이 계셨습니다. 저는 단순히 진통제 투여 외에, 환자분의 불안감을 완화하기 위해 먼저 경청하고, 통증 관리법과 회복 과정에 대해 상세히 설명해 드렸습니다. 또한 보호자와의 면담을 통해 환자분의 심리적 지지 기반을 확인하고, 병실 환경을 개선하는 등 다각도로 접근했습니다. 그 결과 환자분은 점차 안정감을 되찾고 회복에 집중할 수 있었습니다. 이러한 경험은 저의 공감 능력과 문제 해결 능력이 실제 임상 현장에서 환자에게 긍정적인 영향을 미칠 수 있음을 증명합니다. 반면, 제 단점은 때때로 완벽주의적인 성향이 강해 작은 실수에도 필요 이상으로 자책하는 경향이 있다는 것입니다. 이는 간호 업무의 특성상 오류를 줄이고자 하는 마음에서 비롯되지만, 때로는 과도한 스트레스로 이어지기도 합니다. 이러한 단점을 극복하기 위해 저는 의도적으로 긍정적인 피드백을 수용하고, 실수로부터 배우는 자세를 가지려 노력합니다. 실습 중 투약 과정에서 사소한 실수를 한 적이 있습니다. 당시 선배 간호사님께 솔직하게 말씀드리고 피드백을 요청하여 재발 방지를 위한 정확한 절차를 다시 숙지했습니다. 또한 저의 실수로 인해 얻은 교훈을 기록하고 주기적으로 되새기며, 같은 실수를 반복하지 않도록 시스템적으로 접근하려 합니다. 앞으로는 유연한 사고를 통해 완벽함을 추구하되, 과정 속의 작은 실수들을 성장통으로 받아들이며 더욱 발전하는 간호사로 거듭나겠습니다.

문항 3) 지원 동기를 600자 이내로 기술하시기 바랍니다.

대한민국 최고의 의료 기관이자 환자 중심의 진료 철학을 선도하는 중앙대학교병원의 간호사로서 저의 역량을 펼치고자 지원합니다. 저는 간호의 본질은 환자의 몸과 마음을 전인적으로 돌보는 것이며, 이를 위해서는 끊임없는 학습과 혁신적인 사고가 필요하다고 믿습니다. 중앙대학교병원은 최첨단 의료 시스템과 연구 중심의 환경을 갖추고 있어, 제가 추구하는 전문성과 환자 중심의 가치를 동시에 실현할 수 있는 최적의 장소라고 확신합니다. 중앙대학교병원은 고난이도 중증 질환 환자들의 비율이 높고, 다양한 임상 케이스를 경험할 수 있는 기회가 풍부하다고 알고 있습니다. 이는 제가 간호 전문성을 심화하고, 숙련된 간호사로서 성장하는 데 있어 더없이 소중한 자양분이 될 것입니다. 또한 병원의 환자 안전 시스템과 질 향상 활동에 대한 철저한 노력을 보며 깊은 감명을 받았습니다. 저 역시 환자 안전을 최우선으로 생각하며, 철저한 확인과 책임감 있는 태도로 업무에 임하는 것을 중요하게 여깁니다. 이러한 저의 가치관과 역량은 중앙대학교병원이 추구하는 인재상과 정확히 부합한다고 생각합니다. 이에 환자들에게 최고의 간호 서비스를 제공하고, 동료들과 협력하며 시너지를 창출함으로써 병원의 발전에 기여하고, 환자의 생명과 건강을 지키는 데 핵심적인 역할을 수행하는 자랑스러운 간호사가 되도록 최선을 다하겠습니다.

문항 4) 입사 후 포부를 600자 이내로 기술하시기 바랍니다.

중앙대학교병원에 입사 후 저는 환자들에게 신뢰받는 최고의 전문 간호사이자, 병원의 발전에 기여하는 핵심 인재로 성장하는 것을 목표로 하고 있습니다. 이를 위해 첫째, 초기 3년간은 빠르게 현장에 적응하며 실무 역량을 강화하는 데 집중하겠습니다. 신규 간호사 교육 프로그램에 적극

   Part.3 실전 합격 병원 자소서

적으로 참여하여 병원의 시스템과 프로토콜을 완벽하게 숙지하고, 선배 간호사들의 노하우를 빠르게 흡수하겠습니다. 특히 제가 지원하는 부서의 특성을 고려하여 관련 질환에 대한 전문 지식을 심화하고, 숙련된 간호 기술을 습득하기 위해 자발적으로 학습하며 노력하겠습니다. 또한 능동적인 태도로 주어진 업무에 임하며, 환자의 상태 변화를 정확하게 파악하고 신속하게 대처하는 능력을 배양하여 환자 안전을 최우선으로 지키는 간호사가 되겠습니다. 둘째, 입사 5년 후에는 특정 분야의 전문성을 갖춘 간호사로 성장하고 싶습니다. 이를 위해 중환자 간호에 특화된 전문 간호사 교육 과정이나 자격증 취득에 도전하여 해당 분야의 심화된 지식과 기술을 갖추겠습니다. 나아가 학회 활동에도 적극적으로 참여하며 최신 의학 지식과 간호 트렌드를 꾸준히 학습하겠습니다. 이를 통해 복잡하고 난이도 높은 간호 상황에서도 능동적으로 대처하고, 동료들에게 긍정적인 영향을 미치는 역량 있는 간호사가 될 것입니다. 마지막으로, 장기적으로는 환자 중심 간호 실현에 기여하고 싶습니다. 단순한 치료를 넘어 환자의 삶의 질 향상에 기여하는 간호 모델을 연구하고, 이를 현장에 적용하기 위한 노력을 지속할 것입니다. 또한 제가 습득한 지식과 경험을 바탕으로 후배 간호사들을 멘토링하고, 병원의 간호 서비스 질 향상을 위한 프로젝트에 적극적으로 참여해 중앙대병원이 대한민국을 넘어 세계적인 의료기관으로 도약하는 데 일조하겠습니다.

저는 간호사로서의 역량을 강화하기 위해 다양한 임상 경험과 학습 기회를 적극적으로 탐색했습니다. 그중에서 성인간호학 실습은 저에게 가장 의미 있는 경험이었습니다. 대학병원 내과 병동에서 실습하며 만성 질환을 가진 환자분들의 복합적인 요구를 파악하고 간호 계획을 수립하는 과정을 직접 수행했습니다. 한 고령 환자분은 당뇨 합병증으로 인해 우울감을 호소하며 식사를 거부하는 경우가 잦았습니다. 저는 단순히 식사를 권유하는 것을 넘어, 환자분의 식사 패턴과 선호 음식을 파악하고, 영양팀과 협력하여 맞춤 식단을 제안했습니다. 또한 매일 아침 병실을 방문하여 환자분의 말에 귀 기울이고 정서적 지지를 제공했습니다. 환자분은 점차 마음을 열고 식사를 시작했으며, 활기를 되찾는 모습을 보여 주셨습니다. 이 경험을 통해 저는 질병에 대한 지식뿐만 아니라 환자의 심리적, 사회적 측면까지 고려하는 전인적인 간호의 중요성을 깊이 깨달았습니다. 또한 응급실 실습을 통해서는 위기 상황에서의 침착한 대처 능력과 빠른 판단력을 길렀습니다. 실습 중 갑작스러운 심정지 환자가 발생했을 때, 저는 당황하지 않고 의료진의 지시에 따라 CPR에 보조적으로 참여하고, 필요한 물품을 신속하게 준비하며 팀워크를 발휘했습니다. 비록 짧은 시간이었지만, 의료진의 일사불란한 움직임 속에서 저의 역할에 집중하며 효율적으로 업무를 수행했습니다. 이 경험은 긴급 상황에서 당황하지 않고 침착하게 판단하며, 주어진 역할을 완수하는 책임감이 얼마나 중요한지를 일깨워 주었습니다. 이 외에도 지역사회 건강 증진 프로젝트에 참여하여 주민들을 대상으로 혈압, 혈당 측정 및 건강 상담을 진행했습니다. 특히 고혈압 예방 교육을 위해 시각 자료를 직접 제작하고, 주민들의 눈높이에 맞는 설명 방식으로 교육을 진행하여 높은 참여율을 이끌어 냈습니다. 이 과정에서 다양한 대상에게 효과적으로 정보를 전달하는 의사소통 능력을 향상시킬 수 있었습니다. 이처럼 저는 임상 실습과 다양한 대외 활동을 통해 환자 중심의 간호 철학, 위기 대처 능력, 효과적인 의사소통 능력, 그리고 협력적인 태도를 꾸준히 함양해 왔습니다. 이러한 경험들은 제가 중앙대학교병원의 우수한 간호사로서 환자들에게 최상의 간호를 제공하고, 팀의 일원으로서 시너지를 발휘하는 데 큰 자산이 될 것이라고 확신합니다.

삼성서울병원

〈지원 병원 및 인적 사항〉

● 기본 정보 : 삼성서울병원 / 신입 간호사 / 2024 상반기

● 합격자 정보 : 지방 사립대 / 간호학과 / 학점 4.3 / 토익 915 / 특기 사항 :
대학생 청소년 교육 지원 / 자격 : 컴퓨터활용능력 1급, bls 자격증

문항 1〉 삼성서울병원에 지원한 이유와 입사 후 회사에서 이루고 싶은 바를 기술하십시오.(500자 이내)

저는 제가 가지고 있는 최상의 간호를 통해 환자 행복이라는 비전을 실천하고자 지원했습니다. 입사 후에는 무엇보다 제가 지닌 정서적 공감과

치료적 의사소통 능력을 활용하여 환자뿐만 아니라 보호자에게도 따뜻한 위로를 건네는 간호사로 거듭나겠습니다. 특히 제가 가지고 있는 특유의 세심함과 친화력을 통해 환자들이 긍정적으로 치유에 임할 수 있도록 돕겠습니다. 저는 지역 아동 센터에서 5년간 봉사 활동과 튜터링을 진행한 경험이 있으므로, SMC 간호 봉사단에서 지역사회에 봉사하는 SMC 간호사로 자리할 수 있다고 생각합니다. 또한 SPEC을 따라 역량을 높여 입사 3년 후에는 프리셉터로서 후배 간호사들에게 귀감이 될 수 있는 우수한 간호사로 자리하겠습니다. 아울러 입사 10년 후에는 행복한 프리셉터쉽으로 Best Practice에 선정되어 나이팅게일상을 받을 수 있는 우수한 간호사가 되어 삼성서울병원의 발전에 기여하겠습니다.

문항 2〉 지원한 직무를 잘 수행할 수 있는 이유를 구체적으로 기술해 주십시오.(직무 전문성을 키우기 위한 학업적 노력 및 실무 경험 등을 중심으로)(500자 이내)

저는 누구보다 적극적으로 배우려는 역동적이고 진취적인 자세를 가지고 있습니다. 대학 시절에는 A⁺를 목표로 학과 수업 후 강의안을 보며 정리본을 만드는 학습 계획을 세워 매일 배운 내용을 복습했습니다. 실습 중 관찰한 실제 케이스와 관련된 이론은 더욱 심도 있게 공부했습니다. 그 결과 성적 우수 장학금 5회, 지역 자치단체 장학금 2회라는 쾌거를 이룰 수 있었습니다. 입사 후에도 특유의 적극성을 발휘하여 전문 직무 능력 향상프로그램에 성실히 참여해 간호의 질을 향상시키겠습니다. 다음으로 저는 경청하는 태도와 세심한 배려심을 지니고 있습니다. 하루는 실습 중

만난 폐암 환자에게 불면 증상이 있다는 것을 알게 되었습니다. 대화를 통해 불면의 원인은 의식 소실에 대한 경험으로 인해 다칠 수 있다는 두려움 때문임을 알게 됐습니다. 이에 환자 주변 사물함의 모서리에 보호 쿠션을 부착하고, 이동 시 휠체어를 활용하는 방법을 알려드려 불안 요인을 감소시켰습니다. 환자분께서는 이러한 저의 조치 덕분에 불안이 많이 줄어들었다고 고맙다는 인사를 하셨습니다. 앞으로도 더욱 열심히 학습에 매진하여 간호 지식을 넓히고 능동적으로 환자를 관찰하여 최상의 간호를 제공할 수 있도록 힘쓰겠습니다.

문항 3〉 타인과 협력하여 공동의 목표 달성을 이루어 낸 경험에 대해 기술해 주십시오.

3주간의 성인간호학 실습에서 조를 이루어 여러 상황 케이스를 연구하며 협력의 중요성을 깨우친 바 있습니다. 당시 케이스로 선정됐던 대상자가 퇴원하여 이틀 만에 새로운 케이스를 작성해야 했습니다. 효율적인 진행을 위해 저는 팀장으로서 각자의 역량과 선호도를 고려하여 역할을 분담했습니다. 특히 저는 대상자와 직접 눈을 맞추며 대화하는 방식을 선호하였기 때문에 간호 사정 파트를 맡아 간호 문제를 목록화했습니다. 한편 소극적인 태도를 유지하는 조원들도 있었는데, 이들을 격려하며 모두가 적극적으로 수행해야 사례 연구를 완성할 수 있음을 강조했습니다. 아울러 아직 다 마치지 못한 조원에게 개별적으로 자료를 찾아 주고 같이 수정해 주는 등 도움을 아끼지 않았습니다. 처음에는 소극적이었던 조원도

                                    Part.3 실전 합격 병원 자소서

점점 적극적인 태도를 보이며 이후에는 서로 도움을 주는 모습까지 살펴볼 수 있었습니다. 그 결과 저희 팀은 케이스를 성공적으로 마무리하여 발표 당일 교수님의 긍정적인 피드백을 받는 큰 성취를 이루어 낼 수 있었습니다. 이 경험을 통해 서로 격려하고 배려하는 태도는 위기를 해결할 뿐만 아니라 목표한 결과를 이룰 수 있는 원천이 될 수 있음을 깨달았습니다. 입사 후에도 항상 격려와 배려를 통해 삼성서울병원의 협력적 조직 문화를 유지, 존속할 수 있는 간호사로 자리하겠습니다.

일산백병원

〈지원 병원 및 인적 사항〉

- 기본 정보 : 일산백병원 / 신입 물리치료사 / 2024 상반기

- 합격자 정보 : 지방 사립대 / 물리치료학과 / 학점 3.9 / 자격 : 재활치료사

  및 도수치료사 자격증

1) 성장 과정에 대해 기술하시오.(600자 이내)

어릴 적 저는 축구를 하며 무릎 부상을 당해 재활치료를 받았던 경험
이 있습니다. 당시 물리치료사 선생님의 전문적인 치료와 따뜻한 격려 덕
분에 통증을 극복하고 다시 필드를 뛸 수 있었던 기억은 제게 깊은 인상을

남겼습니다. 단순히 아픈 곳을 치료하는 것을 넘어, 삶의 활력을 되찾아 주는 물리치료사의 역할에 매료되어 자연스럽게 물리치료사의 꿈을 꾸게 되었습니다. 대학 진학 후에는 인체 해부학과 생리학을 비롯한 전공 기초 지식을 탄탄히 다지는 데 집중했습니다. 특히 단순히 이론을 암기하는 것을 넘어 실제 인체를 대상으로 한 실습에 적극적으로 참여하며 근육과 관절의 움직임을 직접 느끼고 이해하려 노력했습니다. 또한 다양한 임상 실습을 통해 환자 개개인의 특성과 필요에 맞는 맞춤형 치료 계획을 수립하고 적용하는 방법을 익혔습니다. 노인 재활 병원 실습 중에는 뇌졸중으로 인해 거동이 불편하신 할아버지를 만난 경험이 있습니다. 저는 할아버지의 신체 기능 평가와 더불어, 평소 즐겨 하셨던 활동을 여쭤보고 이를 재활 치료에 접목하기 위해 노력했습니다. 끈기 있는 치료와 끊임없는 소통을 통해 할아버지께서 스스로 보행 연습에 성공하셨을 때의 보람은 그 어떤 것과도 바꿀 수 없었습니다. 이러한 성장 과정은 저에게 환자에 대한 깊은 이해와 끈기 있는 노력의 중요성, 그리고 목표 달성을 위한 분석적인 사고력을 길러 주었습니다. 저는 이러한 역량을 바탕으로 환자들의 삶에 긍정적인 변화를 가져다주는 물리치료사가 되겠습니다.

2) 장점과 단점에 대해 기술하시오.(600자 이내)

저의 가장 큰 장점은 탁월한 분석력과 꼼꼼함입니다. 환자의 증상을 정확히 파악하고 원인을 분석하는 데 강점을 가지고 있으며, 이를 바탕으로 가장 효과적인 치료 계획을 수립하고 실행합니다. ○○대학병원 정형외과 실습 당시, 만성적인 어깨 통증을 호소하는 환자분이 계셨습니다. 저는 단순히 통증 부위에 집중하는 대신 환자분의 평소 자세, 직업적 특성, 생활 습관 등을 면밀히 관찰하고 평가했습니다. 그 결과 잘못된 컴퓨터 사용 자세가 통증의 주요 원인임을 발견하고, 이에 맞는 자세 교정 운동과 근력 강화 운동을 병행하여 환자분의 통증이 현저히 감소하는 데 기여했습니다. 이러한 경험은 저의 분석력과 꼼꼼함이 환자 중심의 맞춤형 치료를 제공하는 데 얼마나 중요한 역할을 하는지 보여줍니다. 반면, 단점으로는 때때로 새로운 치료법이나 기술에 대한 학습에 과도하게 몰입하여 기존 업무 속도를 놓칠 때가 있다는 점입니다. 물리치료 분야는 끊임없이 발전하고 있어, 최신 지식을 습득하는 것이 중요하다고 생각합니다. 그러나 이로 인해 본연의 업무나 다른 스케줄에 지장이 생길 때가 있었습니다. 이러한 단점을 극복하기 위해 저는 학습 계획을 수립하고, 우선순위를 정하는 연습을 꾸준히 하고 있습니다. 예를 들어, 새로운 논문을 읽기 전에 당일의 업무량과 중요도를 먼저 파악하고, 점심시간이나 퇴근 후 시간을 활용하여 학습하는 습관을 들였습니다. 또한 주간 단위로 학습 목표를 설정하고 달성 여부를 점검하며, 효율적인 시간 관리를 위해 노력하고 있습니다. 앞으로는 새로운 배움을 위한 학습의 열정을 유지하되, 전체적인 업무의 흐름과 균형을 맞추어 더욱 효율적인 물리치료사로 거듭날 수 있도록 최선을 다하겠습니다.

대한민국 재활의료의 선두 주자이자 최첨단 의료 시스템을 갖춘 일산 백병원의 유능한 물리치료사로서 환자들의 건강한 삶 회복에 기여하고 자 지원했습니다. 저는 환자 개개인의 특성과 목표를 고려한 맞춤형 재활 치료의 중요성을 깊이 인식하고 있으며, 일산백병원이 지향하는 환자 중심의 다학제적 접근 방식에 깊이 공감하고 있습니다. 무엇보다 일산백병원은 다양한 중증 질환 환자들의 재활치료 경험과 최신 재활 장비 및 연구 역량을 보유하고 있어, 제가 물리치료사로서 전문성을 심화하고 성장하는 데 최적의 환경이라고 판단했습니다. 특히 저는 신경계 및 근골격계 질환 재활에 대한 깊은 관심을 가지고 있으며, 실습을 통해 쌓은 지식과 경험을 바탕으로 실제 임상 현장에서 환자들의 기능 회복을 돕고 싶습니다. 아울러 일산백병원의 높은 수준의 임상 케이스들은 제가 이론을 넘어 실질적인 문제 해결 능력을 기르고, 숙련된 물리치료사로 발돋움하는 데 큰 도움이 될 것이라 확신합니다. 저는 병원의 환자 교육 및 자가 관리 프로그램에 대한 강점에도 주목했습니다. 물리치료는 단순히 병원 내에서만 이루어지는 것이 아니라, 환자 스스로 일상생활에서 꾸준히 노력해야 하는 분야라고 생각합니다. 저는 환자들에게 정확하고 이해하기 쉬운 교육을 제공하여 스스로 재활 의지를 높이고, 퇴원 후에도 지속적인 관리가 이루어질 수 있도록 돕는 역할을 하고 싶습니다. 이처럼 저의 뛰어난 분석력과 꼼꼼함, 그리고 환자 중심의 사고방식은 일산백병원이 추구하는 물리치료사의 가치와 부합한다고 생각합니다. 이곳에서 최고의 의료진과 협력하여 환자들의 잃어버린 삶의 활력을 되찾아 줄 수 있도록 최선을 다하겠습니다.

4) 입사 후 포부에 대해 작성하시오.(600자 이내)

입사 후 저는 환자들의 완전한 기능 회복을 돕는 최고의 재활 전문가이자, 병원 재활의료의 발전에 기여하는 선도적인 물리치료사로 성장하고자 합니다. 이를 위해 첫째, 입사 초기 3년간은 병원의 재활 프로토콜과 시스템을 완벽하게 숙지하고, 임상 실무 역량을 빠르게 강화하겠습니다. 특히 다양한 질환별 재활치료에 대한 지식을 심화하고, 최신 물리치료 기법 및 장비 활용 능력을 배양하는 데 집중하겠습니다. 매일 환자들의 변화를 면밀히 관찰하고, 선배 물리치료사들의 지도에 적극적으로 배우며 환자들에게 최적화된 맞춤형 치료를 제공할 수 있도록 노력하겠습니다. 또한 다학제 팀과의 협업을 통해 환자 중심의 통합적인 치료 계획을 수립하고 실행하는 데 적극적으로 참여하겠습니다. 둘째, 입사 5년 후에는 특정 분야의 전문성을 갖춘 물리치료사로 발돋움하겠습니다. 특히 제가 관심 있는 신경계 물리치료나 스포츠 재활 분야의 전문 과정을 이수하고, 관련 자격증을 취득하여 심화된 지식과 기술을 갖출 것입니다. 아울러 병원 내 연구 활동이나 외부 학회에 적극적으로 참여하여 최신 재활치료 트렌드를 습득하고, 이를 실제 임상에 적용하여 환자들의 기능 회복률을 높이는 데 기여하겠습니다. 나아가 환자 개개인의 특성을 고려한 개인 맞춤형 재활 프로그램 개발에도 참여하여 환자들의 삶의 질 향상에 실질적인 도움을 주는 물리치료사가 되겠습니다. 장기적으로는 대한민국 재활의료 발전에 기여하고 싶습니다. 제가 쌓은 임상 경험과 연구 지식을 바탕으로 후배 물리치료사들을 위한 교육 프로그램 개발에 참여하고, 학술 활동을 통해 물리치료 분야의 발전에 이바지해 일산백병원이 대한민국 재활의료의 미래를 이끄는 데 핵심적인 역할을 수행하는 데 일조하겠습니다.

5) 경험에 대해 작성하시오.(900자 이내)

저는 물리치료사로서의 전문성을 강화하기 위해 다양한 임상 실습과 학습 경험을 쌓았습니다. 특히 대학병원 신경외과 병동 실습이 가장 기억에 남습니다. 당시 뇌졸중으로 인해 한쪽 마비가 진행된 환자분을 담당하며, 초기에는 환자분이 스스로 움직이기를 꺼려하고 좌절감을 느끼는 모습을 보였습니다. 저는 환자분의 신체적 기능 평가 외에도 심리 상태를 면밀히 관찰했고, 단순히 정해진 운동만 시키는 것이 아니라, 환자분의 작은 움직임에도 긍정적인 피드백을 제공하고, 환자분께서 좋아하셨던 취미 활동을 재활 과정에 접목하여 동기 부여를 이끌어 냈습니다. 꾸준한 노력 끝에 환자분은 스스로 보행 보조기를 사용하여 복도를 걷는 데 성공하셨고, 저에게 "다시 살아갈 용기를 얻었다"고 말씀하셨을 때 큰 보람을 느꼈습니다. 이 경험을 통해 저는 물리치료는 단순히 신체 기능을 회복시키는 것을 넘어, 환자의 삶의 의지를 되찾아 주는 과정임을 깨달았습니다. 또한 스포츠 재활 클리닉 실습을 통해 다양한 스포츠 손상 환자들을 접하며 기능 해부학과 운동 역학에 대한 심도 깊은 이해를 할 수 있었습니다. 특히 무릎 전방십자인대 파열 환자들의 재활 과정에 참여하며, 수술 후 회복 단계별로 적절한 운동 프로그램을 설계하고 적용하는 방법을 익혔습니다. 환자의 통증 정도와 근력 상태를 객관적으로 평가하고, 이에 맞춰 운동 강도를 조절하며 안전하게 재활을 진행하는 능력을 길렀습니다. 이 과정에서 환자 개개인의 회복 속도와 목표에 맞는 맞춤형 치료 계획의 중요성을 체감했습니다. 이 외에도 저는 지역사회 건강 박람회에 참여하여 어르신들을 대상으로 낙상 예방 교육과 균형 운동 지도를 진행했습니다. 어르신들의 눈높이에 맞춰 쉽고 재미있게 설명하기 위해 보조 도구를 활용하고, 직접 시범을 보이는 등 적극적으로 소통했습니다. 이 경험을 통해 다양한 연령층과 소통하며 치료 동기를 부여하는 의사소통 능력을 향상시킬 수 있었습니다. 이처럼 저는 다양한 임상 실습과 대외 활동을 통해 환자 중심의 사고, 분석적인 문제 해결 능력, 효과적인 의사소통 능력, 그리고 끊임없이 배우고 발전하려는 태도를 함양해 왔습니다. 이러한 경험들은 제가 일산백병원의 준비된 물리치료사로서 환자들에게 최상의 재활 서비스를 제공하고, 팀의 일원으로서 긍정적인 시너지를 창출하는 데 핵심적인 역량이 될 것이라고 확신합니다.

Part.3 실전 합격 병원 자소서

원주세브란스병원

〈지원 병원 및 인적 사항〉

● 기본 정보 : 원주세브란스병원 / 방사선사 / 2024년 상반기

● 합격자 정보 : 지방 사립대 / 방사선학과 / 학점 3.85

1) 입사 후 응시 직종에서의 근무 이외에 기관의 발전에 기여할 수 있는 유·무형의 능력 또는 알리고 싶은 자신의 장점을 기술하시오.(예 : 외국어, 사회봉사 등)(900자 이내)

작은 거울의 힘이 이렇게 클 줄은 저도 미처 몰랐습니다. 학부생 시절 학생들의 이동량이 많은 학생회관의 문이 매우 무거워서 많은 학생이 앞

사람이 지나간 후 닫히는 문 때문에 불편을 겪곤 했습니다. 이러한 불편함을 해결하기 위해 학생회 측에 문에 붙일 수 있는 작은 거울을 건의하였습니다. 문을 통과하는 사람이 뒤에 오는 사람을 거울을 통해 확인하고 문을 잡아 줄 수 있도록 배려하기 위함이었습니다. 실제로 효과는 좋았고 작은 아이디어를 통해 서로가 배려할 수 있는 문화를 만들 수 있었습니다. 저의 가장 큰 장점은 소통입니다. 누구와도 잘 어울리는 서글서글한 성격 덕분에 타인과의 관계로 인해 크게 스트레스를 받은 적이 없습니다. 이를 통해 각 부서 간 알기 힘든 맹점들을 공유하고 적극적으로 피드백함으로써 제한적인 시간 동안 최소한의 선량으로 더 향상된 검사 결과를 끌어 낼 수 있도록 이바지하겠습니다. 또한 저는 눈치가 빨라 상대방을 잘 맞춰 줄 수 있습니다. 그리고 그만큼 업무도 신속하게 잘 처리할 수 있습니다. 그러나 어렸을 땐 오히려 재빠른 행동들 때문에 종종 실수할 때도 있었습니다. 하지만 이를 교훈 삼아 잘 마무리된 일이더라도 두 번 더 확인하는 습관을 만들 수 있었습니다. 덕분에 여러 아르바이트를 하면서도 큰 실수 없이 업무를 잘 마무리할 수 있었습니다. 아울러 평소 제 끼를 살리기 위해 레크레이션 자격증을 취득한 바 있습니다. 이를 통해 학과 행사에서도 사회자 역할을 맡아 모든 학우들이 소통하며 재미있게 행사를 즐길 수 있도록 하였습니다. 또한 지난 2년간 학교로부터 지원을 받아 저 소득층 아이들을 위한 멘토링을 진행해 왔습니다. 불우한 가정의 학생이 기회조차 갖지 못한 채 포기하지 않도록 많은 대화를 나누며 저 역시 함께 성장할 수 있는 계기를 마련할 수 있었습니다.

저의 가장 큰 장점은 '소통'입니다. 누구하고든 잘 어울리는 서글서글한 성격을 통해 함께 일하게 될 선생님들은 물론 환자분들에게도 최상의 의료 서비스를 제공할 것입니다. 무엇보다 저는 상황 파악이 빠르고 상대방의 니즈를 민감하게 감지하여 적절히 대응할 수 있는 능력을 갖추었다는 평가를 받아 왔습니다. 이러한 특성 덕분에 업무 처리 속도가 빠르고 효율적으로 일을 수행할 수 있습니다. 과거에는 빠른 판단력과 행동력이 때로 성급함으로 이어져 실수를 범하기도 했습니다. 하지만 이러한 경험을 통해 '신속함과 정확성의 균형'이 중요함을 깨달았고, 업무 완료 후 반드시 재검토하는 습관을 체계화했습니다. 이는 앞으로 간호업무에서도 큰 장점이 될 것이라 확신합니다.

밝은 얼굴과 긍정적인 태도로 주변에 긍정 에너지를 나눠 줄 수 있는 것은 저의 장점입니다. 환자분과의 짧은 만남 속에서도 저의 친화력과 전문 지식을 겸비한 검사를 통해 환자에게 안도감과 신뢰감을 주는 전문 방사선사가 되고 싶습니다. 실제로 학부 시절 실습할 당시 무척 예민하신 환자분들을 많이 만날 수 있었습니다. 하지만 그만큼 그분들의 간절함을 잘 이해할 수 있었기에 밝은 태도로 더 친절히 대하고자 노력하였습니다. 앞으로 원주세브란스병원의 일원이 된다면, 단순히 환자분들의 치료를 돕는 방사선사가 아닌, 환자분들의 마음까지도 치유할 수 있는 방사선사가 되고 싶습니다.

4) 성장 과정에 대해 300자 이내로 기술하시오

영상의학과에서 방사선사가 하루에 마주칠 환자는 수백, 수천 명일 테지만, 환자가 마주칠 방사선사는 오직 한 명뿐일 것입니다. 때문에 환자와의 짧은 만남 속에서도 저만의 친화력과 전문 지식을 겸비한 검사를 통해 환자에게 안도감과 신뢰감을 주는 전문 방사선사가 되고 싶습니다. 저는 대학교 재학 중 의료진의 업무 효율성 개선을 위한 '○○○ 시스템'을 개발하여 특허를 출원한 경험이 있습니다. 해당 특허 출원의 사례에서와 같이 환자 진료를 위해 끊임없이 탐구하고 연구 개발하며, 타 부서와 협업하여 세브란스병원이 환자 중심의 병원으로 거듭날 수 있도록 노력하겠습니다.

5) 지원 동기 및 포부에 대해 400자 이내로 기술하시오

'2023 RSNA' 참가 경험이 있습니다. 학회장에서 세계의 방사선사들이 모여 다양한 분야를 심도 있게 다루는 것을 보며 저도 언젠간 꼭 저 자리에 서고 싶다는 생각을 하였습니다. 이후에도 특허 출원이나 선배님들의 논문 번역 작성 업무 등을 도우며 스스로 역량 발전 역시 게을리하지 않았습니다. 원주세브란스병원은 학술 활동이 활발한 만큼 저 역시도 단순히 방사선사의 실무 능력을 키우는 것이 아닌, 언어 특기를 더욱 발전시켜 그 흐름을 함께 이끌어 나가겠습니다.

6) 특기 사항에 대해 300자 이내로 기술하시오

○○병원에서 이동 촬영 검사 중, 여러 층의 환자분들에 대한 검사를 제한된 시간 동안 진행해야 하는 경우가 많았습니다. 그러다 보니 엘리베이터 이용이 혼잡한 시간대에는 환자분들께서 급하게 검사를 필요로 함에도, 부득이하게 그 순서를 뒤로 미룰 수밖에 없는 경우도 많았습니다. 하지만 저는 당시 활성화되지 않았던 I-Pad의 사용을 통해 이동 촬영 중에 OCS와 PACS를 실시간으로 사용하며 제한된 시간 동안 원활한 검사를 진행하였습니다. 후에는 다른 방사선사 선생님들께 PPT 제작을 통한 I-Pad 사용법에 대한 교육을 담당하여 환자분들께 원활하고 정확한 검사가 이루어질 수 있도록 조력하였습니다.

강북삼성병원

〈지원 병원 및 인적 사항〉

● 기본 정보 : 강북삼성병원 / 임상병리사 / 2024년 상반기

● 합격자 정보 : 서울 지역 4년제 사립대 / 임상병리학과 / 학점 3.8 / 토익
920 / 사회생활 경험 : KOICA YP, ○○대학교 산학협력단 연구원 활동(논
문 2개 공동 저자), 공모전 2회 수상

1) 성장 과정에 대해 기술하십시오.(700자)

저는 학창 시절부터 생명과학 분야에 깊은 흥미를 느꼈고, 눈에 보이지
않는 미세한 세계를 분석하여 질병의 원인을 밝혀내는 과정에 큰 매력을

느꼈습니다. 특히 생명과학 관련 다큐멘터리에서 정확한 검사 결과를 통해 환자 진단에 결정적인 역할을 하는 임상병리사의 모습을 보며, '보이지 않는 곳에서 생명을 살리는 핵심 역할'을 수행하는 임상병리사가 되겠다고 다짐했습니다. 대학에서 임상병리학을 전공하며 혈액학, 미생물학, 면역학, 임상화학 등 다양한 분야의 이론 지식을 탄탄히 다지는 데 집중했습니다. 단순히 지식을 암기하는 것을 넘어, 각 검사의 원리와 임상적 의의를 깊이 이해하려 노력했습니다. 또한 실제 검체 분석 실습에 적극적으로 참여하여 현미경 조작, 시약 조제, 데이터 분석 등 실무 능력을 숙련하는 데 매진했습니다. 대학병원 임상병리과 실습 당시, 원인 불명의 발열로 내원한 환자분의 혈액 샘플 분석에 참여했습니다. 미생물 배양 검사에서 예상치 못한 균주를 발견하고 즉시 담당의에게 보고하여 환자분의 정확한 진단과 치료 방향 설정에 기여할 수 있었습니다. 이 경험을 통해 저는 정확하고 신중한 분석 능력, 문제 해결 능력, 그리고 환자 진단에 대한 강한 책임감이 생겼습니다. 향후 이러한 역량을 바탕으로 환자 진단에 핵심적인 역할을 수행하는 임상병리사가 될 것입니다.

2) 장점과 단점에 대해 기술하십시오.(900자)

제가 가지고 있는 가장 큰 장점은 탁월한 분석력과 꼼꼼함, 그리고 높은 책임감입니다. 미세한 검체 변화도 놓치지 않고 정확하게 분석하며, 오류 없는 검사 결과를 제공하는 데 강점을 가지고 있습니다. 대학병원 임상병리과 실습 당시 다수의 검체가 동시에 처리되어야 하는 상황에서, 저는 각 검체의 라벨링부터 분석 과정의 모든 단계를 이중으로 확인하며 오류 발생 가능성을 최소화했습니다. 특히 미생물 동정 검사 시에는 미세한 배양 환경 변화도 놓치지 않고 관찰하여, 미생물 성장을 촉진시키거나 저해할 수 있는 요인을 사전에 제거하여 정확한 결과를 얻어 냈습니다. 이러한 노력 덕분에 저는 신속하면서도 정확한 검사 결과를 제공하여 의료진의 진단에 큰 도움을 줄 수 있었습니다. 이 경험은 분석력과 꼼꼼함, 그리고 책임감이 실제 임상 현장에서 환자 진단의 정확도를 높이는 데 얼마나 중요한 역할을 하는지 보여 주었습니다.

반면 저의 단점은 때때로 새로운 검사 기법이나 연구 동향에 대한 탐구에 몰입하다 보면, 다른 업무와의 균형을 놓칠 때가 있다는 점입니다. 임상병리 분야는 끊임없이 발전하고 있어, 항상 최신 지식을 습득하고 싶은 열정이 강합니다. 하지만 이로 인해 본연의 업무나 다른 스케줄에 지장이 생길 때가 있었습니다. 이러한 단점을 극복하기 위해 저는 학습 계획을 수립하고, 우선순위를 정해 계획적으로 시간을 활용하는 연습을 꾸준히 하고 있습니다. 예를 들어, 새로운 검사법 관련 논문을 읽기 전에 당일의 검사량과 중요도를 먼저 파악하고, 점심시간이나 퇴근 후 시간을 활용하여 학습하는 습관을 들였습니다. 또한 주간 단위로 학습 목표를 설정하고 달성 여부를 점검하며, 효율적인 시간 관리를 위해 노력하고 있습니다. 앞으로는 학습의 열정을 유지하되, 전체적인 업무의 흐름과 균형을 맞추어 더욱 효율적이고 발전적인 임상병리사가 되겠습니다.

대한민국 임상병리 분야를 선도하며 환자 진단의 정확성을 책임지는 강북삼성병원의 우수한 임상병리사로서 저의 역량을 펼치고자 지원합니다. 저는 임상병리사가 눈에 보이지 않는 검체를 통해 질병의 증거를 찾아내고, 환자 진단과 치료의 방향을 설정하는 데 결정적인 역할을 수행하는 중요한 의료인이라는 소명 의식을 가지고 있습니다. 강북삼성병원은 최첨단 검사 장비와 시스템, 그리고 뛰어난 연구 역량을 갖추고 있어, 제가 추구하는 전문성과 정확성의 가치를 동시에 실현할 수 있는 최적의 장소라고 확신합니다. 특히 저는 유전학 및 분자진단 분야에 깊은 관심을 가지고 있습니다. 강북삼성병원은 고난이도 질환의 진단 및 치료를 위해 첨단 분자진단 검사를 활발하게 수행하고 있으며, 다양한 임상 케이스와 연구 기회가 풍부하다고 알고 있습니다. 이는 제가 임상병리 전문성을 심화하고, 숙련된 임상병리사로서 성장하는 데 더없이 소중한 자양분이 될 것입니다. 또한 병원의 철저한 정도 관리 및 질 관리 시스템에 깊은 감명을 받았습니다. 저 역시 검사 결과의 정확성과 신뢰성을 최우선으로 생각하며, 철저한 확인과 책임감 있는 태도로 업무에 임하는 것을 중요하게 여깁니다. 저의 탁월한 분석력, 꼼꼼함, 그리고 책임감은 강북삼성병원이 추구하는 인재상과 정확히 부합한다고 생각합니다. 이에 이곳에서 최고의 의료진과 협력하여 환자들에게 가장 정확하고 신뢰할 수 있는 검사 결과를 제공하고, 동료들과 시너지를 창출함으로써 병원의 발전에 기여하고 싶습니다. 나아가 단순한 검사원을 넘어, 환자의 생명과 건강을 지키는 데 핵심적인 역할을 수행하는 강북삼성병원의 자랑스러운 임상병리사가 되기 위해 최선을 다하겠습니다.

4) 본인의 경험에 대해 기술하십시오.(900자)

저는 임상병리사로서의 전문 역량을 강화하기 위해 다양한 임상 실습과 학습 활동에 적극적으로 참여했습니다. 특히 대학병원 진단검사의학과 실습은 저에게 가장 중요한 경험이었습니다. 실습 기간 동안 저는 혈액학, 임상화학, 미생물학, 면역학 등 다양한 검사실에서 실제 검체를 분석하며 이론으로만 배웠던 지식을 실제에 적용하는 귀중한 경험을 했습니다. 혈액 검사 시에는 혈액 도말 슬라이드를 직접 제작하고 현미경으로 세포 형태를 관찰하며 미세한 변화도 놓치지 않으려 노력했습니다. 한번은 백혈병 환자분의 검체에서 비정상적인 세포 형태를 발견하고, 즉시 선배 임상병리사님께 보고하여 신속한 추가 검사가 이루어지도록 도왔습니다. 이 경험을 통해 저는 정확하고 세심한 관찰 능력과 신속한 보고의 중요성을 깊이 깨달았습니다. 또한 미생물 검사실 실습을 통해 감염병 진단의 핵심인 미생물 동정 및 약제 감수성 검사를 직접 수행했습니다. 다양한 검체에서 균주를 분리 배양하고, 생화학적 특성과 유전자 분석을 통해 정확한 균주를 동정하는 과정을 반복하며 숙련도를 높였습니다. 특히 항생제 내성균 검사 시에는 미세한 배지 변화도 놓치지 않고 관찰하여, 정확한 약제 감수성 결과를 제공함으로써 환자 치료 방향 설정에 기여할 수 있었습니다. 이 경험은 저에게 꼼꼼하고 체계적인 분석 능력, 그리고 환자 치료에

　　　　　　　　　　Part.3　실전 합격 병원 자소서

대한 강한 책임감을 길러 주었습니다.

　이 외에도 정도 관리 및 질 관리 교육 프로그램에 적극적으로 참여하여 검사 결과의 정확성과 신뢰성을 높이는 방법에 대해 심도 깊게 학습했습니다. 매일 사용하는 장비의 성능 점검과 시약 관리, 표준물질을 이용한 검사 결과 확인 등 철저한 정도 관리가 이루어져야 함을 체감했습니다. 이 경험은 저에게 품질 관리에 대한 중요성과 꾸준히 배우고 발전하려는 태도를 길러 주었습니다. 이처럼 저는 다양한 임상 실습과 학습 활동을 통해 정확한 검체 분석 능력, 뛰어난 문제 해결 능력, 그리고 품질 관리 및 환자 진단에 대한 강한 책임감을 꾸준히 함양해 왔습니다. 이러한 경험들은 제가 강북삼성병원의 준비된 임상병리사로서 환자들에게 최상의 검사 결과를 제공하고, 팀의 일원으로서 긍정적인 시너지를 창출하는 데 핵심적인 역량이 될 것이라고 확신합니다.

5) 입사 후 포부에 대해 기술하십시오.(1000자)

　강북삼성병원에 입사 후 저는 환자 진단의 정확성과 신뢰성을 책임지는 최고의 임상병리사이자, 병원 진단검사의학 분야의 혁신에 기여하는 핵심 인재로 성장하는 것이 목표입니다. 첫째, 초기 3년간은 병원의 선진 검사 시스템과 프로토콜을 완벽하게 숙지하며, 임상 실무 역량을 빠르게 강화하는 데 집중하겠습니다. 혈액학, 임상화학, 미생물학, 면역학, 분자 진단 등 모든 분야의 검사 과정을 능숙하게 수행하고, 다양한 임상 케이스에 대한 경험을 쌓겠습니다. 특히 새로운 검사 장비와 기술에 대한 학습에 적극적으로 참여하여 최신 진단 트렌드를 빠르게 흡수할 것입니다. 능동적인 자세로 주어진 업무에 임하며, 정확하고 신뢰할 수 있는 검사 결과를 신속하게 제공하여 의료진의 올바른 진단과 환자 치료에 실질적으로 기여하는 임상병리사가 되겠습니다.

둘째, 입사 5년 후에는 특정 진단 분야의 전문성을 갖춘 임상병리사로 발돋움하겠습니다. 특히 제가 관심 있는 유전학 및 분자진단 분야 또는 혈액종양 분야의 전문 과정을 이수하고, 관련 자격증을 취득하여 심화된 지식과 기술을 갖출 것입니다. 병원 내 연구 활동이나 외부 학회에 적극적으로 참여하여 최신 진단 기술과 연구 동향을 습득하고, 이를 실제 임상에 적용하여 난치성 질환 진단 및 맞춤형 치료에 기여하겠습니다. 나아가 새로운 검사법 도입 및 검사 프로세스 개선 프로젝트에도 참여하여 병원의 진단검사의학 경쟁력 강화에 일조하고 싶습니다. 마지막으로 장기적으로는 환자 중심의 검사 품질 관리 문화 확립에 기여하고 싶습니다. 제가 쌓은 임상 경험과 연구 지식을 바탕으로 검사 오류율을 최소화하고, 검사 결과의 신뢰도를 극대화하는 방안을 끊임없이 모색하겠습니다. 또한 후배 임상병리사들을 위한 멘토링 및 교육 활동에도 참여하여 임상병리 분야의 전문성을 높이고, 궁극적으로는 강북삼성병원이 대한민국을 넘어 세계적인 진단검사의학 연구 및 진료 기관으로 도약하는 데 핵심적인 역할을 수행하는 든든한 임상병리사가 되겠습니다.

서울대학교 치과병원

〈지원 병원 및 인적 사항〉

● 기본 정보 : 서울대학교 치과병원 / 치과위생사 / 2024년 상반기

● 합격자 정보 : 서울 최상위권 4년제 사립대 / 치위생학과 / 학점 4.1

1) 경험 및 경력 사항에 대해 기술하시오.(400자)

학교 재학 중에는 주말에 외국인 노동자 센터에서 사회적으로 취약한 외국인 노동자들에게 치과 의료 봉사를 이어 나갔고, 학과 내에서는 논문 동아리에 가입하여 작성한 논문「스케일링 건강보험 급여화 사업 이후의 스케일링에 관한 인식에 영향을 미치는 요인」으로 학술제 동상 수상의 결

과를 얻어 내는 등 다양한 경험을 쌓아 왔습니다. 학교 졸업 후 연세대 세브란스 치과병원 치주과에 입사하면서 많은 치주병 케이스를 다뤘고 스케일링, 감염 관리(소독, 멸균), 잇솔질 교육 등 치과위생사의 필요한 지식과 능력을 길렀으며, 임플란트 수술방으로 배정되어 임플란트 수술 준비, 진료 보조의 업무를 하였고, 지금은 서울대학교 치과병원 교정과에서 근무하면서 치과위생사로서의 전반적 업무를 진행하고 있습니다.

2) 지원 동기와 입사 후 회사에서 이루고 싶은 목표에 대해 작성하시오.(500자)

저는 구강과 관련된 환자들의 응급 진료와 보존, 보철 등의 치과 진료 보조를 통해 환자의 건강한 삶의 유지에 기여하여 서울대 치과병원의 미래 가치 향상에 이바지하고자 지원하였습니다. 먼저 1년 차에는 토스, 토익 등 외국어 회화 공부를 병행하며 글로벌 병원에 알맞게 외국인 환자 응대에 노력을 기울일 것이며 병원 업무에 빠르게 적응하도록 노력할 것이고, 3년 차에는 치과보험청구사 2급을 취득함과 더불어 예방치과학 등 치과 대학원에 진학하여 관심이 가는 분야의 전문가가 될 것입니다. 5년 차에는 석션의 위치, 보조자의 자세 등 치과위생사 역할의 실용적인 사항들에 관해 정리한 진료 보조 참고서를 만들고 싶습니다. 10년 차에는 대학원 석, 박사를 취득하고 후배 치과위생사 양성에도 중심이 되어 서울대 치과병원의 의료의 질을 높이는 성과를 내고자 합니다.

3) 지원 직무를 수행하는 데 있어 가장 중요하다고 생각하는 역량은 무엇이며, 해당 역량을 갖추기 위해 어떠한 노력을 해왔는지 구체적으로 기술하시오.(600자)

저는 관악 서울대 치과병원, 연세대학교 세브란스 치과병원에서 근무한 경력과 대인관계에 관한 자기개발서를 바탕으로 환자들의 니즈를 빠르게 파악하고 라포를 형성하여 진료의 원활한 순환성을 높이는 데 이바지할 수 있습니다. 또한 쌓은 경력을 바탕으로 진료 보조에 있어서 부족함이 없게 할 것입니다. 구체적으로 외국인 환자 응대를 위해 'CLEP'라는 문화 및 언어 교환 연수 프로그램에 3개월간 참여하여 미국권 슬랭의 단어들을 배우는 등 영어 회화 교육을 수료하며 글로벌 병원에 알맞게 외국인 환자 응대를 위해 준비해 왔습니다. 아울러 보험 청구 업무를 위해서는 대학 재학 중 취득한 치과보험청구사 3급 자격증을 바탕으로 관악 서울대학교 치과병원과 연세대학교 세브란스 치과병원에서 근무하면서 보험 청구 업무에 활용하며 업무력에 경쟁력을 갖추었고, 이러한 경험을 바탕으로 보험 수가 청구 부분에서 1.5인분을 할 수 있는 치과위생사가 될 수 있다고 생각합니다.

4) 공동의 목표를 달성하기 위해 타인과 협업했던 경험에 대해 설명하고 그 과정에서 본인이 수행한 역할, 어려웠던 점, 극복 방법 및 결과 등에 대해 구체적으로 기술하시오.(500자)

대학 1학년 때 학과 논문 동아리에 가입하여 조원으로서 설문조사와

RISS를 통한 참고문헌 조사 등 조원의 역할을 충실히 이행하였습니다. 그 결과로 작성된 논문 「스케일링 건강보험 급여화 사업 이후의 스케일링에 관한 인식에 영향을 미치는 요인」으로 동상 수상과 학회지 등재 결과를 얻어 냈습니다. 그 이후 이를 바탕으로 3학년 때 졸업 논문 작성을 위한 모임의 조장이 되어 조원들을 이끌게 되었고, 각자의 하고 싶은 역할과 논문 주제의 의견 차이가 있었지만 앞선 논문 동아리의 경험을 바탕으로 조원들의 성향에 맞게 중간 발표, 자료 조사 등을 분배하며 함께 협력해 나갔고, 조장으로서 그 이상의 성과를 내야겠다는 생각에 SPSS 통계 프로그램, 외국 논문 참고문헌 조사 등을 하며 조원들을 이끌었습니다. 그 결과 조원 전부 졸업 논문을 한 번에 통과하게 되었고, 모두가 만족할 만한 성과를 내었습니다.

5) 예상하지 못한 어려움에 직면하였을 때 본인이 개선 방안을 마련하여 해결한 경험에 대해 말씀해 주십시오. 당시 상황을 간략히 기술하고 문제가 발생한 원인과 제시한 해결 방법에 대해 구체적으로 기술하시오.(500자)

영화관 아르바이트를 할 때 한 여성분이 5살이 넘어 보이는 아이를 데리고 와서, 아이는 안고 관람할 테니 한 좌석만 예매하겠다고 한 사례가 있었습니다. 그때 동료가 난처해하며 도움을 요청하였고, 저는 동료를 도와 대신 응대하며 이렇게 말씀드렸습니다. "안녕하세요, 고객님 아이가 참 예쁘네요! 이 영화 저도 봤는데 굉장히 슬퍼서 몰입도가 높은 영화입니다. 그런데 아이를 안고 보시면 중간에 몰입에 방해가 될 수도 있고, 두 좌석을 예매할 가치가 충분한 영화니까 성인 한 분 어린이 한 분을 예매하셔서 쾌적한 환경에서 영화 관람을 하시는 것을 추천해 드려요"라고 말씀드렸고, 그 여성분도 잠시 생각한 뒤 추천에 응해 주셨고 두 좌석을 예매한 후 영화를 관람하셨습니다. 이 사례는 제가 회사 규정상 5세 이상 아이는 어린이 요금으로 좌석을 예매해야 한다는 원칙을 먼저 내세운 게 아니라 진심 어린 추천과 손님의 입장에서 생각해 드린 점 덕분에 슬기롭게 문제를 해결했던 사례였습니다.

6) 본인이 속한 단체나 조직에서 주인의식과 책임감을 가지고 업무에 임했던 경험에 대해 기술하시오.(500)

"다음에도 선생님에게 받고 싶어요." 이 말은 제가 연세대학교 치주과에 근무하면서 환자에게 들은 가장 뿌듯한 말이었습니다. 이 환자는 치주 조직이 좋지 않아 스케일링을 할 때마다 아픔을 호소하는 환자였습니다. 저는 이 환자가 내원하는 날 미리 차트를 통해 환자의 상황을 파악해 놓았고, 환자의 관점에서 대학병원에 갖는 기대감과 그에 따른 니즈가 무엇일까를 생각해 보고 이를 만족시키기 위해 고민해 보았습니다. 그 후 환자가 내원하여 스케일링을 시작하기 전에 어느 부위를 진행할 것인지, 통증이 느껴진다면 왜 느껴지는지, 통증이 있어도 크게 걱정하지 않아도 되는 이유를 상세히 설명해 드렸고, 이후 스케일링을 특이 사항 없이 마칠 수 있었습니다. 진료를 마친 후 환자는 저에게 위와 같은 말을 해 주셨고, 이는 제가 치과위생사의 일을 지속하게 해 주는 힘이 되는 말이었습니다.

신촌세브란스병원

〈지원 병원 및 인적 사항〉

● 기본 정보 : 신촌세브란스 치주과 / 치과위생사 / 2024년 상반기

● 합격자 정보 : 서울 상위권 4년제 / 치위생학과 / 학점 4.2

1) 성장 과정 및 자기 신조에 대해 기술하시오.(300자 이내)

대학 입시 실패를 경험한 이후 같은 실수를 반복하지 않기 위해 스스로 문제점을 분석하고 개선해 나갔습니다. '해마 학습법' 등 저에게 맞는 다양한 학습법을 토대로 대학 입시에 성공하였고, 준비된 공부법을 통해 4년간 전공 기초 지식을 쌓고 당당히 수석 졸업을 하였습니다. 실패를 딛는

성공을 통해 효율적인 일 처리 능력이 향상되었고, 목표를 향한 준비성과 치밀성을 갖추게 되었습니다.

2) 지원 동기 및 입사 후 포부에 대해 기술하시오.(400자 이내)

저는 치아 주위 조직의 기능을 회복시켜 환자의 건강한 삶을 증진시키는 복합적 치주 치료에 1만 건 이상의 진료 보조라는 성과를 목표로 세브란스 병원에 입사하여 본원의 미래 가치 향상에 이바지하기 위해 지원하였습니다. 미래를 주도하는 치의학 교육 및 연구 기관이라는 비전에 맞는 열정적인 치과위생사가 되겠습니다. 연차별 목표를 설정하여 3년 차에는 치과보험청구사 2급을 취득할 것이고, 5년 차에는 수술 중 석션의 위치, 보조자의 자세 등 치과위생사 역할의 실용적인 사항들에 관해 정리한 참고서를 만들고 싶습니다. 10년 차에는 대학원을 병행하여 통합치의학 석, 박사를 취득하고 후배 치과위생사 교육과 양성의 중심이 되어 의료의 질을 높이는 성과를 내고자 합니다.

3) 업무 수행 능력 및 교육 경험에 대해 기술하시오.(300자 이내)

학기 중에 교수님의 요청으로 연세대학교 치과대학과 카데바 교류 실습을 2년간 보조로 진행했습니다. 신체의 장기들을 직접 보고 만지는 경험과 동시에 구강과 관련된 많은 신경 가운데 삼차신경에서 이어지는 국소 마취의 주요 부위들과 마취가 되는 치아들을 설명하며 수업을 보조하였습니다. 또한 학교에서 국가 근로를 2년간 진행하며 사무적인 능력을 키웠고, 그 결과 졸업식에서 수석 졸업 학과우수상, 대한치과위생사협회 추천 모범상, 국가 근로 공로상을 받으며 맡은 업무 능력을 인정받고 의미 있는 졸업을 하게 되었습니다.

4) 팀워크 및 협력 사항에 대해 기술하시오.(250자 이내)

대학교 1학년 때 학과 논문 동아리에 가입하여 교수님과 학생 6명이 한 조를 이루어 스케일링 보험화에 관해 논문을 작성하였습니다. SPSS 활용법을 따로 공부도 하고 각자 역할을 나누어 RISS 등 논문 사이트를 살펴보고 참고문헌을 조사하였습니다. 이를 토대로 설문지를 만들었고 각자 50부씩 설문조사를 실시하여 논문을 완성했습니다. 다 같이 협력한 결과 논문은 학술제에서 동상 수상을 하였고 학회지에도 등재되었습니다.

5) 열정 및 몰입성에 대해 기술하시오.(250자 이내)

일반 병원 실습 중 질의응답 시간에 담당 실장님께 가장 많이 들었던 말입니다. 왜 SE bond만 사용하고 Single bond는 사용하지 않는지, Crown Prep시 실활치는 마취를 하지 않는다고 배웠는데 왜 여기는 전부 마취하는지 등 많은 질문을 했습니다. 실장님께서도 저의 공부 열정을 좋게 보시고 질문에 성의껏 답해 주셨고, 실습이 끝난 후에는 병원의 장학생으로 선발되어 장학금도 받게 되었습니다.

6) 동아리 및 사회봉사 활동에 관해 기술하시오.(200자 이내)

작년 외국인 노동자 센터에서 봉사를 이어 가던 중 주말마다 무료 치과 검진을 하는 걸 알게 됐습니다. 사회적으로 취약한 계층인 외국인 노동자들에게 작게나마 재능 기부를 할 수 있는 환경에 만족하며 봉사를 진행했습니다. 그러나 곧 코로나 상황으로 인해 치과 검진이 중단됐지만 전공 지식이 누군가에게 큰 도움이 될 수 있어 값진 경험이었습니다.

서울성모병원

〈지원 병원 및 인적 사항〉

● 기본 정보 : 서울성모병원 / 간호조무사 / 2024년 상반기

● 합격자 정보 : 지방 사립 전문대(2년제) / 상경계열 / 학점 3.6

1) 성장 과정에 대해 기술하시오.(700자)

어릴 적 저는 항상 주변 사람들에게 도움이 되는 것을 좋아하고, 특히 아픈 사람들을 돌보는 일에 보람을 느꼈습니다. 할머니께서 병원에 입원 하셨을 때, 환자 곁에서 작은 일부터 큰 일까지 세심하게 돌보시는 간호조 무사 선생님의 모습을 보며 깊은 감동을 받았습니다. 저는 그분처럼 따뜻

한 마음으로 환자들을 보살피고, 의료진의 손과 발이 되어 주는 간호조무사가 되겠다고 결심했습니다. 전문대 졸업 후 저는 간호조무사 학원에 등록하여 인체 해부학, 기본 간호학 등 필수 이론 지식을 습득하고, 실습 과정을 통해 실제 환자들을 마주하며 실무 역량을 길렀습니다. 요양병원 실습 중에는 거동이 불편하신 어르신들의 식사 보조, 위생 관리, 낙상 예방 등 다양한 업무를 수행했습니다. 처음에는 서툴렀지만, 어르신들의 작은 불편함도 놓치지 않고 먼저 다가가 해결해 드리려 노력했습니다. 특히 식사를 잘 못하시던 어르신께서 제가 건넨 따뜻한 말 한마디에 마음을 여시고 식사를 시작하셨을 때, 저는 진정한 간호의 의미와 보람을 느꼈습니다. 이러한 성장 과정은 저에게 환자에 대한 깊은 이해와 봉사 정신, 꼼꼼하고 책임감 있는 태도, 그리고 의료 현장에서의 협력의 중요성을 길러 주었습니다. 저는 이러한 역량을 바탕으로 환자들에게 최상의 돌봄을 제공하는 간호조무사가 될 것입니다.

2) 장점과 단점에 대해 기술하시오.(800자)

저의 가장 큰 장점은 탁월한 친화력과 꼼꼼함, 그리고 성실한 태도입니다. 환자분들과 스스럼없이 대화하며 라포를 형성하고, 작은 불편함도 놓치지 않고 먼저 확인하여 신속하게 해결하는 데 강점을 가지고 있습니다. ○○병원의 내과 병동 실습 당시 낯선 환경과 질병으로 인해 불안해하시던 환자분이 계셨습니다. 저는 매일 아침 환자분의 안부를 묻고, 가벼운 대화를 나누며 환자분이 심리적으로 편안함을 느낄 수 있도록 도왔습니다. 또한 약 복용 시간을 잊으실까 염려하여 미리 안내해 드리고, 침대 시트를 자주 정리해 드리는 등 세심한 부분까지 신경 썼습니다. 그 결과 환자분은 저를 믿고 의지하며 안정적으로 치료를 받으실 수 있었습니다. 이러한 경험은 저의 친화력과 꼼꼼함, 그리고 성실함이 실제 임상 현장에서 환자에게 긍정적인 영향을 미치고, 의료진의 업무 효율성을 높이는 데 얼마나 중요한 역할을 하는지 보여줍니다. 반면 저의 단점은 때때로 모든 일을 스스로 완벽하게 처리하려다 보니, 도움을 요청하는 것에 망설임이 있다는 점입니다. 환자에게 최선을 다하고 의료진에게 부담을 주고 싶지 않은 마음에서 비롯되지만, 때로는 비효율적이거나 더 큰 문제로 이어질 수 있다는 것을 깨달았습니다. 이러한 단점을 극복하기 위해 저는 필요할 때 도움을 요청하는 용기를 가지고, 팀원들과의 협력을 통해 시너지를 창출하는 연습을 꾸준히 하고 있습니다. 실습 중 혼자 해결하기 어려운 상황에 직면했을 때, 주저하지 않고 선배 간호사님께 도움을 요청하여 신속하게 문제를 해결했던 경험이 있습니다. 또한 평소에도 동료들과 적극적으로 소통하며 업무 분담의 효율성을 높이려 노력합니다. 앞으로는 완벽함을 추구하되, 유연한 사고를 통해 팀워크를 발휘하며 더욱 발전하는 간호조무사가 되겠습니다.

3) 지원 동기에 대해 기술하시오.(900자)

환자 중심의 진료 철학을 실현하는 서울성모병원의 간호조무사로서 환자들에게 따뜻한 돌봄을 제공하고 싶어 지원하였습니다. 저는 간호조무사가 단순히 간호 업무를 보조하는 역할을 넘어, 환자와 가장 가까이에서 소통하며 그들의 안녕을 살피고, 의료진과 환자 사이의 가교 역할을 수행하는 중요한 의료인이라는 소명 의식을 가지고 있습니다. 특히 저는 고난이도 중증 질환 환자들을 간호 보조하는 데 대한 강한 열정을 가지고 있습니다. 서울성모병원은 다양한 임상 케이스를 경험할 수 있으며, 숙련된 의료진과 함께 일하며 간호조무사로서의 전문성을 심화할 수 있는 기회가 풍부하다고 알고 있습니다. 이는 제가 역량 있는 간호조무사로 성장하는 데 더없이 소중한 자양분이 될 것입니다. 또한 병원의 환자 안전 시스템과 질 향상 활동에 대한 철저한 노력에 깊은 감명을 받았습니다. 저 역시 환자 안전을 최우선으로 생각하며, 꼼꼼하고 책임감 있는 태도로 업무에 임하는 것을 중요하게 여깁니다. 저의 우수한 친화력과 성실함, 그리고 봉사 정신은 서울성모병원이 추구하는 인재상과 부합한다고 생각합니다. 저는 이곳에서 최고의 의료진과 협력하여 환자들에게 최상의 간호 보조 서비스를 제공하고, 동료들과 시너지를 창출함으로써 병원의 발전에 기여하고 싶습니다. 이를 통해 단순한 보조 인력을 넘어, 환자의 몸과 마음을 어루만지고 의료 현장에 활력을 불어넣는 자랑스러운 간호조무사가 되겠습니다.

4) 자신의 경험에 대해 기술하시오.(1000자 이내)

저는 간호조무사로서의 역량을 강화하기 위해 다양한 임상 실습과 봉사 활동에 적극적으로 참여했습니다. 특히 요양병원 실습은 저에게 가장 기억에 남는 경험이었습니다. 실습 기간 동안 저는 거동이 불편하시거나 인지 기능 저하가 있으신 어르신들의 식사 보조, 위생 관리, 낙상 예방 등 기본적인 간호 보조 업무를 수행했습니다. 한번은 식사량이 현저히 줄어든 어르신을 담당하게 되었습니다. 저는 단순히 식사를 권유하는 것을 넘어, 어르신의 평소 식습관과 선호 음식을 보호자분께 여쭤보고, 소량씩 자주 드리며 정성껏 보조했습니다. 또한 식사 시간을 활용하여 말벗이 되어 드리고, 식사 후에는 구강 위생 관리를 꼼꼼히 해 드렸습니다. 그 결과 어르신은 점차 식사량이 늘었고, 표정에도 활기가 돌았습니다. 이 경험을 통해 저는 환자 개개인의 특성을 이해하고 공감하며, 작은 부분까지 세심하게 살피는 돌봄의 중요성을 깊이 깨달았습니다. 또한 종합병원의 내과 병동 실습을 통해 급성기 환자들의 간호 보조 업무를 경험하기도 했습니다. 활력징후 측정, 검체 운반, 침상 정리, 환자 이송 등 다양한 업무를 수행하며 의료진의 원활한 진료를 돕는 데 기여했습니다. 특히 긴급한 상황에서는 당황하지 않고 의료진의 지시에 따라 신속하게 움직이며 필요한 물품을 준비하고, 환자의 상태를 지속적으로 관찰하여 보고하는 등 침착한 대처 능력을 길렀습니다. 이 경험은 긴급 상황에서의 판단력과 효율적인 업무 처리 능력, 그리고 팀워크의 중요성을 일깨워 주었습니다. 이 외에도 저는 지역사회 복지관에서 의료 취약 계층 어르신들을 대상으로 한 건강 상담 및 혈압 측정 봉사에 참여했습니다. 어르신들께 친절하게 다가가 혈압 측정 방법을 설명하고, 결과에 대해 쉽고 명확하게 안내해 드렸습니다. 이 경험을 통해 저는 다양한 대상과 효과적으로 소통하고, 환자의 눈높이

　　　　　　　　　　　Part.3　실전 합격 병원 자소서

에 맞춰 정보를 전달하는 의사소통 능력을 향상시킬 수 있었습니다. 이처럼 저는 다양한 임상 실습과 봉사 활동을 통해 환자 중심의 봉사 정신, 꼼꼼하고 책임감 있는 태도, 뛰어난 의사소통 능력, 그리고 위기 대처 능력을 꾸준히 함양해 왔습니다. 이러한 경험들은 제가 간호조무사로서 환자들에게 최상의 돌봄을 제공하고, 팀의 일원으로서 긍정적인 시너지를 창출하는 데 핵심적인 역량이 될 것이라고 확신합니다.

5) 입사 후 포부에 대해 기술하시오.(1000자 이내)

입사 후에는 환자들에게 따뜻하고 안전한 돌봄을 제공하는 최고의 간호조무사이자, 병원 간호 서비스의 질 향상에 기여하는 핵심 인재로 성장하는 것이 목표입니다. 첫째, 초기 3년간은 병원의 간호 시스템과 프로토콜을 완벽하게 숙지하며 실무 역량을 빠르게 강화하는 데 집중하겠습니다. 간호사 선생님들의 지도에 적극적으로 배우고, 다양한 임상 케이스별 환자 간호 보조 방법을 숙련하겠습니다. 특히 환자의 활력징후 측정, 위생 관리, 낙상 예방 등 기본적인 간호 업무를 꼼꼼하고 정확하게 수행하며, 환자 안전을 최우선으로 지키는 데 기여하겠습니다. 능동적이고 성실한 자세로 주어진 업무에 임하여, 의료진의 업무 효율성을 높이고 환자들의 빠른 회복을 돕는 간호조무사가 되겠습니다. 둘째, 입사 5년 후에는 특정 간호 분야의 전문성을 갖춘 간호조무사로 발돋움하겠습니다. 환자에게 더 나은 돌봄을 제공하기 위해 필요한 의학 지식이나 간호 기술에 대한 교육 과정을 이수하고 관련 자격증을 취득하여 역량을 강화할 것입니다. 병원 내 교육 프로그램이나 외부 세미나에 적극적으로 참여하며 최신 간호 트렌드를 습득하고, 이를 실제 간호 보조 업무에 적용하여 환자들의 만족도를 높이는 데 기여하겠습니다. 나아가 환자들의 불편 사항을 능동적으로 파악하고 해결하는 환자 중심의 돌봄 서비스 개선 방안을 모색하는 데도 참여하고 싶습니다. 장기적으로는 환자 중심의 의료 문화 확립에 기여하고 싶습니다. 제가 쌓은 임상 경험과 환자 응대 노하우를 바탕으로 환자들에게는 친밀하고 편안한 존재가 되고, 의료진에게는 든든한 조력자가 되겠습니다. 또한 후배 간호조무사들을 위한 멘토링 및 교육 활동에도 참여하여 간호조무사 직무의 중요성과 전문성을 알리는 데 기여하고 싶습니다. 이를 바탕으로 서울성모병원이 환자들에게 신뢰받고 사랑받는 병원으로 지속적으로 발전하는 데 핵심적인 역할을 수행하는 든든한 간호조무사로 거듭날 수 있도록 최선을 다하겠습니다.

이야기를 마치며

이 글을 쓰는 순간에도 속속 새로운 자소서 작성법에 대한 책이 쏟아져 나옵니다. 오랜 시간 취업 현장에서 지원자들을 마주하고 지도하면서 신규 취업 또는 이직에 있어 시간이 흘러도 언제 어디서나 통용되는 한 권의 책을 만들어 보고 싶다는, 아니 만들어야겠다는 생각이 강하게 들었습니다.

사실 생각해 보면 취직해서 회사에 잘 다니고 있어도 이직을 위해서 자소서를 작성하는 일은 누구에게나 생길 수 있습니다. 따라서 서가에 꽂아 두고 취업을 준비할 때면 두고두고 참조할 자기소개서 작성 관련 서적을 만들고 싶었습니다.

자소서는 누구나 쓸 수 있습니다. 말 그대로 자기 자신을 소개하는 글이니까요. 그러나 기업이 원하는 자소서, 이른바 '합격하는 자소서'는 누구나 쓸 수 있는 것이 아닙니다. 지속적인 연습을 하고 준비를 갖춘 사람만이 가능합니다.

자소서라는 것이 본래 그렇습니다. 남들은 모르는 숨겨진 비법 같은 것은 없습니다. 어떻게 보면 취준생 여러분들도 시중에 있는 자소서 관련 서적을 너무 많이 참고하여 오히려 머릿속이 정리가 잘 안 되고 점점 복잡해진 것인지도 모릅니다. 자소서는 꾸준히 많이 읽고, 많이 써 보는 방법밖에 없습니다. 다른 방법은 없습니다.

그럼에도 불구하고 앞서 말했듯 합격하는 자소서는 분명 따로 있습니다. 다시 말해 여러분들이 원하는 기업에 합격하려면 자소서를 이 책에서 제시한 대로 작성해야 합니다. 저는 이런 자신감을 가지고 지금껏 취업 현장에서 지원자들과 함께 호흡하며 성공적인 결과를 만들어 가고 있습니다. 그런 점에서 저의 이 책 또한 저와 함께할 모든 취준생들의 필수 준비물이 될 것입니다.

미국의 대문호 F. 스콧 피츠제럴드는 "남과는 다른 이야기를 하고 싶다

  이야기를 마치며

면, 남과는 다른 말로 이야기하라"라고 했습니다. 그러나 저는 남들과 같은 언어로 다른 이야기를 했습니다. 자소서는 원래 뻔한 이야기이고, 오로지 취업 성공만이 목적이 되어야 하는 글입니다. 그래서 뻔한 말이지만 취준생 여러분들이 합격하는 데 도움이 되는 이야기만을 했습니다.

부디 취준생 여러분들은 이 책을 반복해서, 아니 이 책만 반복해서 읽고 따라 쓰십시오. 그것으로 충분합니다. 99%는 다 알고 있다고 생각하지만 정작 실천하지 않는 내용들이 여기에 담겨 있습니다. 중구난방으로 이 책 저 책을 참고해서 자소서를 준비하지 마십시오. 정리는커녕 복잡해질 뿐입니다.

수능시험을 준비할 당시를 떠올리며 이 책 하나만 참조해 여러분만의 자소서를 작성하십시오. 그것으로 충분합니다. 500자면 500자, 1000자면 1000자, 1500자면 1500자, 이렇게 이 책에서 이야기해 주는 작성법에 따라서, 또 다른 사람들이 작성한 합격 자소서들도 참조해 가며 이 책으로 연습하고, 이 책대로 여러분만의 문항을 일목요연하게 정리해서 대비하십시오.

이 책을 읽은 당신은 반드시 합격합니다. 여러분들의 취업 성공에 기여할 수 있다면, 그보다 더한 기쁨은 없을 것입니다. 고맙습니다.

병원
자기소개서
바이블
ⓒ 고요한·강건욱

초판 1쇄 2026년 1월 2일 찍음
초판 1쇄 2026년 1월 28일 펴냄

지은이 | 고요한·강건욱

펴낸이 | 이태준

인쇄·제본 | 지경사문화

펴낸곳 | 북카라반
출판등록 | 제17-332호 2002년 10월 18일

주소 | (04037) 서울시 마포구 동교로 22길 29, 301호
전화 | 02-486-0385
팩스 | 02-474-1413

ISBN 979-11-6005-161-2 13320
값 18,500원